Arme Welt – Reiche Welt
SII Arbeitsmaterial

TERRA
global

Klett-Perthes Verlag
Gotha und Stuttgart

Inhalt

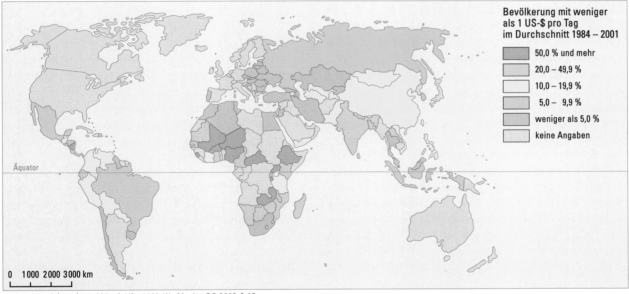

Bevölkerung mit weniger
als 1 US-$ pro Tag
im Durchschnitt 1984 – 2001

- 50,0 % und mehr
- 20,0 – 49,9 %
- 10,0 – 19,9 %
- 5,0 – 9,9 %
- weniger als 5,0 %
- keine Angaben

Äquator

0 1000 2000 3000 km

Nach Weltbank (Hrsg.): World Bank Atlas 2003. Washington DC, 2003, S. 13

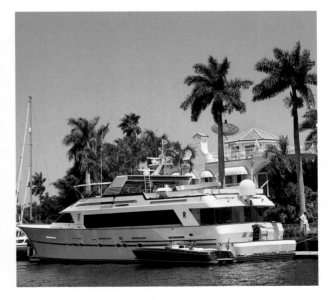

3

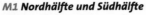

M1 *Nordhälfte und Südhälfte*

M2 *Luxus und Caritas*

1 Arme Welt – Reiche Welt

Armut ist ein Weltproblem, von dem nicht nur Länder im fernen Afrika oder Asien betroffen sind, sondern das bei genauerem Hinschauen auch vor unserer Haustür sichtbar wird. Die meisten Menschen verbinden mit dem Begriff „Armut" zunächst einmal Bilder von hungernden Menschen im Sahel oder in anderen Räumen der Dritten Welt. Hier ist der Zusammenhang sofort klar: Diese Menschen sind arm, sie können sich den Bedarf an Grundnahrungsmitteln nicht leisten, sie kämpfen Tag für Tag um ihr physisches Überleben. Wissenschaftler bezeichnen diese lebensbedrohende Situation als „absolute Armut". In den westlichen Industrie- und Dienstleistungsgesellschaften ist mit dem Anstieg des Lebensstandards diese Form von Armut selten geworden. Zwar fällt zumindest in größeren Städten die wachsende Zahl von Bettlern und Obdachlosen auf, im Allgemeinen ist aber Armut nicht als äußeres Elend erkennbar. Und doch wird seit Mitte der 1970er-Jahre von „Neuer Armut", von Tendenzen zu einer „Zwei-Drittel-Gesellschaft" gesprochen. Immer mehr Menschen sind aufgrund ihrer zu geringen Einkommen von der Teilhabe am Konsum, an der Lebensweise der wohlhabenden Mehrheit ausgeschlossen. Sie sind nicht mehr in der Lage, aus eigener Kraft die Mittel für ein menschenwürdiges Dasein aufzubringen. Von dieser „relativen Armut" können insbesondere Langzeitarbeitslose, Kleinstrentner, Behinderte, Alleinerziehende oder kinderreiche Familien betroffen sein. Deren psychische Situation ist genauso schwierig wie die materielle, denn es ist sehr bitter, in einem reichen Umfeld arm zu sein. Es ist um so bitterer, wenn den Betroffenen täglich von den Medien in einschlägigen Sendungen oder Berichten vorgeführt wird, welchen luxuriösen Lebensstil sich „die Reichen" in unserer Gesellschaft leisten.

„Während Arme in den Industrieländern jedoch nur eine – wenn auch wachsende – Minderheit bilden, ist Armut in den Entwicklungs- und Transformationsländern ein Massenproblem; in über 40 Ländern lebt dort mehr als die Hälfte der Bevölkerung unterhalb der Armutsgrenze. Sie wird von der Weltbank derzeit bei einem Jahreseinkommen von 370 US-$ pro Person angesetzt. Demnach ist ein Mensch als (absolut) arm zu bezeichnen, wenn er nicht mehr als rd. 1 US-$ pro Tag zum Leben zur Verfügung hat. Armut ist jedoch nicht eindeutig definierbar, denn die Kosten für die Aufrechterhaltung eines Mindestlebensstandards und auch die Lebensbedingungen sind von Land zu Land verschieden, und außerdem ist Armut nicht allein nur ungenügende Versorgung mit lebenswichtigen Gütern und Dienstleistungen; Armut ist auch Ausschluss aus den meisten Bereichen des gesellschaftlichen und politischen Lebens, ist der Entzug von Chancen zu einer eigenverantwortlichen Lebensgestaltung.

Armut hat viele Gesichter: Hunger, Unter- und Mangelernährung; schlechter Gesundheitszustand und Krankheitsanfälligkeit; geringe Lebenserwartung und hohe Säuglings- und Kindersterblichkeit; niedriger Bildungs- und Ausbildungsstand; Arbeitslosigkeit und Unterbeschäftigung; niedrige und unregelmäßige Einkommen; menschenunwürdige Wohnverhältnisse; Obdachlosigkeit und unzureichende Bekleidung. …Die Berichterstattung der Medien über die ‚Dritte Welt' vermittelt den Eindruck, Not und Elend konzentriere sich auf die Slums der Großstädte und die Notlager in Kriegs-, Krisen und Katastrophengebieten. Doch die Wirklichkeit sieht anders aus: Die Mehrzahl der Armen lebt auf dem Lande, vor allem in den Dörfern Asiens und Afrikas, in geringerem Umfang auch Lateinamerikas."

Karl Engelhard: Welt im Wandel. Grevenbroich: OMNIA Verlag 2000, S. 82

M3 Indikatoren von Armut im internationalen Vergleich

Land	BIP pro Kopf (in US-$)	Lebenserwartung bei der Geburt (in Jahren)	Sterblichkeitsrate der Kinder unter 5 Jahren (pro 1 000)	Bevölkerung mit weniger als 1 US-$ pro Tag (in %)	Gini-Index[1]
Äthiopien	100	46	172	26,3	40,0
Sierra Leone	140	35	316	57,0	62,9
Niger	170	45	265	61,4	50,5
Mozambique	210	40	197	37,9	39,6
Mali	240	48	231	72,8	50,5
Deutschl. (zum Vgl.)	22 670	78	5	-	30,0
Welt insgesamt	5 080	67	81	-	-
Ø Länder mit niedrigem Einkommen	430	65	121	-	-
Ø Länder mit hohem Einkommen	26 310	76	7	-	-

[1] Gini-Index: Der Gini-Index misst, inwieweit die Verteilung des Einkommens auf Personen und Haushalte von einer vollkommen gleichmäßigen Verteilung abweicht. Ein Gini-Index von Null bedeutet eine vollkommene Gleichverteilung, ein Index von 100 hingegen vollkommene Ungleichverteilung.

Weltbank. Weltentwicklungsbericht 2004, S. 290f; UNDP, Bericht über die menschliche Entwicklung 2004, S. 187 und DSW-Datenreport 2004, S. 6ff.

„Was ist Armut?

... wer nur einen Dollar am Tag besitzt,

... wer hungern muss,

... wer von der Hand in den Mund lebt,

ist ein armer Mensch.

Diese Beschreibung von Armut leuchtet den meisten Menschen ein. Die Maßstäbe sind nicht falsch gewählt, dennoch zeigen sie nur das eine Gesicht von Armut. Die Weltbank wollte es genauer wissen und befragte deshalb 60.000 Arme in 60 Ländern. Die Antworten gaben ein deutliches Bild von dem, was sich für diese Menschen hinter dem Wort ‚Armut‘ verbirgt:

— **Unsicherheit**: Nichts schützt arme Menschen vor den Risiken des Lebens. Wenn die Ernte ausfällt, ein Kind erkrankt oder die Familie Verfolgung und Gewalt ausgesetzt ist, ist es nicht nur eine ‚schwere Zeit‘, die sie durchmachen müssen. Ohne Sicherheiten und Schutz geht es schnell ums Überleben.

— **Aussichtslosigkeit**: Ihre Lebenssituation, so sagt die Mehrheit der Befragten, habe sich nicht verbessert, sondern sei von Generation zu Generation schlimmer geworden. Wer keine Perspektive für die Zukunft sieht und zudem täglich erlebt, ganz auf sich allein gestellt zu sein, der kann nicht mehr an Verbesserungen glauben.

— **Machtlosigkeit**: Korruption und Gewalt bestimmen ihr Leben, ohne dass sie darauf Einfluss hätten. Für viele Regierungen sind sie nur Befehlsempfänger ohne eigene Stimme, die zu gehorchen haben.

— **Ausgrenzung**: Von Wohlstand und Mitbestimmung sind die Armen ausgeschlossen. Sie finden für ihre Interessen, ob Gesundheitsversorgung, Bildung oder Dorfentwicklung, auf der politischen Ebene keine Verbündeten.“

Arbeitskreis Armutsbekämpfung durch Hilfe zur Selbsthilfe (Hrsg.): Die Kluft überwinden – Wege aus der Armut. Bonn 2003, S. 4.

„Das ... Ausscheiden von Jack Welch als Chef des US-Konzerns General Electric ... gab Einblick in die Sozialleistungen, die die Wirtschaftselite einstreicht und die der Öffentlichkeit normalerweise verborgen bleiben. Wie sich herausstellte, wurde Welch die lebenslange Nutzung eines Appartements in Manhattan (inklusive Essen, Wein und Wäsche) gewährt, ebenso die Nutzung eines Firmenjets und einige andere geldwerte Vorteile im Wert von mindestens zwei Millionen Dollar pro Jahr ... Finanziell dürften diese Sonderleistungen Welch wenig bedeutet haben. Im Jahr 2000, seinem letzten kompletten Dienstjahr bei General Electric, bezog er ein Einkommen von 123 Millionen Dollar. Man mag einwenden, es sei nichts Neues, dass die Chefs amerikanischer Konzerne eine Menge Geld kassieren. Aber es ist (in dieser Dimension) neu. ...

In den vergangenen drei Jahrzehnten sind die Gehälter der meisten US-Bürger nur moderat gestiegen: Das durchschnittliche jährliche Einkommen wuchs inflationsbereinigt von 32 522 Dollar im Jahr 1970 auf 35 864 Dollar 1999. Zehn Prozent in 29 Jahren – ein Fortschritt, wenn auch ein bescheidener. Glaubt man dem ‚Fortune Magazine‘, stiegen in derselben Zeit die Jahresgehälter der Firmenchefs der 100 größten US-Unternehmen aber von 1,3 Millionen Dollar – dem 39-fachen des Gehalts des durchschnittlichen Arbeiters – auf 37,5 Millionen Dollar, dem mehr als 1 000-fachen Lohn eines normalen Arbeitnehmers.“

Greenpeace Magazin 2/2003, S. 66

1 Formulieren Sie – auch unter Verwendung des Informationstextes – die Hauptaussagen der beiden Karikaturen.

2 Erarbeiten Sie aus den vorgestellten Materialien Definitionsmerkmale für die Begriffe „Arme Welt“ und „Reiche Welt“.

3 Verteilungsgerechtigkeit – ein wesentlicher Auftrag des Sozialstaats?

M1 *Sozialhilfeempfänger und Ausgaben für Sozialhilfe 1991–2003*

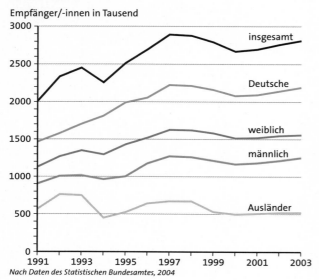

Empfänger/-innen in Tausend

Nach Daten des Statistischen Bundesamtes, 2004

M2 *Sozialhilfequoten¹ 1980 und 2003 nach Personen*

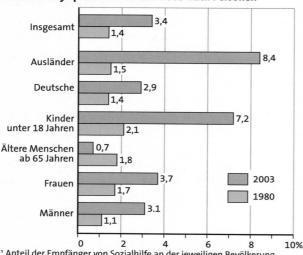

¹ Anteil der Empfänger von Sozialhilfe an der jeweiligen Bevölkerung
Nach Daten des Statistischen Bundesamtes, 2004

M3 *Bruttoausgaben der Sozialhilfe*

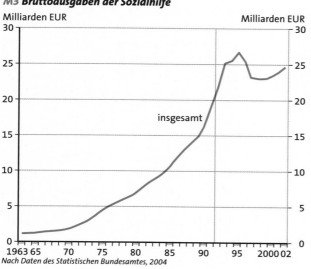

Milliarden EUR

Nach Daten des Statistischen Bundesamtes, 2004

2 Armut in Deutschland

Der erste und bisher einzige „Armuts- und Reichtums-bericht der Bundesregierung" aus dem Jahre 2001 stellt fest, dass es in Deutschland rund 1,5 Millionen Vermögens- und ca. 13 000 Einkommensmillionäre gibt. Die reichsten zehn Prozent der Haushalte besitzen 42 % des Vermögens. Dagegen gehören der ärmeren Hälfte der Bevölkerung nur 4,5 % der Geld- und Sachwerte. Die Zahl der Sozialhilfeempfänger ist inzwischen auf 2,8 Millionen angewachsen. Das sind immerhin 3,3 % der Bevölkerung. Armut ist keine Randerscheinung mehr.

Laut EU-Definition „sind verarmte Personen Einzelpersonen, Familien oder Personengruppen, die über so geringe (materielle, kulturelle und soziale) Mittel verfügen, dass sie von der Lebensweise ausgeschlossen sind, die in dem Mitgliedsstaat, in dem sie leben, als Minimum annehmbar ist." In Deutschland wird diese Definition konkretisiert durch Armutsschwellen, die bei 40, 50 oder 60 Prozent des durchschnittlichen Haushaltsnettoeinkommens liegen. Dabei gilt die 40-Prozent-Schwelle als „strenge Armut", während die 50-Prozent-Schwelle das am häufigsten verwendete Armutsmaß darstellt. Der Bereich unterhalb der 60-Prozent-Schwelle wird als „armutsnaher Niedrigeinkommensbereich" bezeichnet. Ein weiterer Indikator für das Ausmaß von Armut ist die Zahl der Sozialhilfeempfänger.

Hinter allen statistischen Daten verbergen sich Einzelschicksale. Die ökonomische Benachteiligung führt zu Mängeln in der materiellen Grundversorgung zum Beispiel in den Bereichen Gesundheit, Bildung und Kultur. Sie erschwert insbesondere betroffenen Kindern und Jugendlichen den Weg in die Gesellschaft und versperrt Lebenschancen.

2.1 Ausmaß und Erscheinungsformen von Armut

↓ *„Es ist leicht, arme Menschen zu finden. Man sieht sie, wenn man sie sehen will, auch wenn sie nicht in zerrissenen Kleidern herumlaufen. Menschen, die aus Plastikcontainern mit der Aufschrift ,Gewerbemüll' vor Supermärkten die abgelaufenen Fleischpackungen mit umgebogenen Bügeln herausfischen. Die alte Frau, die am Markttag die Kisten nach Weggeworfenem durchstöbert. Die Schlange von Menschen, die sich am Zahltag durch den ganzen Vorhof des Sozialamtes von St. Pauli bis auf die Straße windet, und in der die Leute stehen, die das Geld persönlich abholen müssen, weil die Bank ihnen kein Konto mehr einrichtet. ... Männer, die im Anzug aus besseren Zeiten im Park sitzen und auf dieselbe alte Zeitung starren, tagein, tagaus.*

Armut ist unspektakulär, unsinnlich, grau. Und Armut ist ein Makel. Armut ist heimlich und versteckt sich. ..."
Frauke Hunfeld: Und plötzlich bist Du arm. Reinbek: Rowohlt-Verlag 1998, S. 11ff.

2.2 Ursachen

Den meisten Tageszeitungen war die Pressemitteilung der deutschen Verbraucherzentrale im April 2004 kaum eine Meldung wert: Die Verbraucherschützer warnten davor, dass bei noch tieferen Einschnitten in das soziale Netz „in Deutschland Massenarmut droht" und „dass sich noch mehr Haushalte überschulden". Weit mehr Raum gewährten die Presseorgane der Diskussion darüber, wie weit die „Reform des Sozialstaats" gehen müsse, um unter dem Druck der Globalisierung die Wettbewerbsfähigkeit des Standorts Deutschland zu erhöhen. Die Globalisierung wirkt sich also nicht nur auf die wirtschaftliche Situation deutscher Unternehmen, sondern auch auf die soziale Situation und die Armutsentwicklung in Deutschland aus.

↓ *„Niemals würde Mario (Name geändert) vor Freunden zugeben, dass sein Vater arbeitslos ist. Der 17-jährige Sohn eines Sozialhilfeempfängers hat das Vertuschen mittlerweile bestens gelernt und versucht, auch ohne dickes Taschengeld über die Runden zu kommen.*
Schon als Kind sei er viel allein gewesen, sagt Mario. Die Mutter starb an Krebs, da war er gerade sechs, und so habe er als Einzelgänger seinen Weg gesucht. Manches wollte nicht recht klappen: morgens aus dem Bett kommen etwa. Ausschlafen war verlockender als Unterricht. Von der Realschule ging es abwärts in Richtung Hauptschule. Die hat Mario nun hinter sich, mit einem schlechten Abschluss, wie er offen zugibt. ...
Der chronische Geldmangel ist Mario auf den ersten Blick nicht anzusehen. Er trägt silberne Nike-Turnschuhe, eine weit geschnittene No-Name-Jeans und einen schlabbrigen Pulli. Natürlich steckt ein Handy in der Hosentasche. Wie bei Millionen anderer Teenager. Nur bei Mario sind null Cent Guthaben auf der Telefonkarte, er kann lediglich Gespräche empfangen, aber niemanden anrufen ... .
Die Turnschuhe hat seine Großmutter finanziert – Marios beste Geldquelle. Immer wieder schiebt sie ihm etwas zu, das hält ihn über Wasser. Die 20 Euro monatlich vom Vater reichen hinten und vorne nicht. ... Weil sein Vater schon lange von der Sozialhilfe lebt und keine Aussicht auf eine Anstellung hat, wird überall gespart, auch beim Speiseplan. Nudeln kommen auf den Tisch mit Tomatensoße aus dem Päckchen oder zur Abwechslung mit Käsesoße. ... Von 840 Euro im Monat leben Vater und Sohn, die Halbwaisenrente schon eingerechnet. ... Seinen Job in einem Arbeitslosenprojekt hat Marios Vater wieder geschmissen, einen festen Beruf hat er nie gelernt ... . Mit Absagen und Niederlagen kämpft auch Mario: Zwanzigmal hat er sich um eine Lehrstelle beworben, zwanzigmal ohne Erfolg. ..."
Christine Keck: Wenn Döner bereits ein Festessen ist. In: Stuttgarter Zeitung vom 23.10.2003

↓ *„Armut ist überwiegend die Armut von Frauen. Die Gründe liegen auf der Hand: In einer Gesellschaft, in der der Zugang zu sozialer Sicherheit untrennbar mit den Chancen und Möglichkeiten auf dem Arbeitsmarkt verbunden ist, haben Frauen das Nachsehen. Frauen haben für die Familie gearbeitet, haben Kinder groß gezogen. Und die alten Eltern gepflegt. Wenn die Ehe auseinander bricht, bleiben sie am Lebensende allein, meist angewiesen auf eine karge Rente. ...*
Das Rentenmodell orientiert sich an lebenslangen Ehen. Frauen mit unterbrochenen Erwerbsbiografien – und das ist die Regel – haben im Alter ein gesichertes Einkommen nur über ihren Mann. Vor allem allein stehende Frauen und hier vor allem die Geschiedenen sind es, die im Alter arm werden. ...
Die neuen Ärmsten sind die allein erziehenden Mütter. Jede Mutter hat Anspruch auf den Schutz und die Fürsorge der Gemeinschaft. So steht es in der Verfassung. Die Wirklichkeit aber sieht anders aus. 1,7 Millionen allein Erziehende gibt es nach offiziellen Angaben, 85 Prozent davon sind Frauen. ... 25 Prozent der allein erziehenden Frauen leben schon heute in Armut. ... Weitere 25 Prozent wursteln sich knapp über der Armutsgrenze durch, und die Wahrscheinlichkeit, dass sie irgendwann abstürzen, ist groß. ...
Dabei sind Frauen heutzutage besser ausgebildet als jemals zuvor und die meisten von ihnen könnten mit ihrem Beruf die Kinder ernähren. Doch Arbeit zu finden wird für sie immer schwieriger. Jobs, die flexible Arbeitszeiten erfordern, sind für sie gar nicht annehmbar, weil sie nicht wissen, wer die Kinder betreuen soll. Arbeitgeber stellen allein erziehende Mütter nicht ein, weil sie Angst davor haben, dass die Frauen bei Krankheit der Kinder nicht zur Verfügung stehen und weil die verfassungsrechtlich geforderte Fürsorge hinter dieser Sorge zurücksteht. ...
Um den Anspruch auf Arbeitslosengeld oder -hilfe nicht zu verlieren, sollen Arbeitssuchende neuerdings schon bei einer Arbeitszeit von unter sechs Stunden täglich bis zu zweieinhalb Stunden An- und Abfahrtszeit in Kauf nehmen. Ein Zwang, der Frauen mit kleinen Kindern und besonders allein Erziehende vor unlösbare Probleme stellt. Sie müssen dann eben auf ihr Arbeitslosengeld verzichten.
Nur ein Drittel der deutschen Väter zahlt regelmäßig Unterhalt. Ein weiteres Drittel zahlt ab und zu, nach Lust und Laune ... .
Frauke Hunfeld: Und plötzlich bist Du arm. Reinbek: Rowohlt-Verlag 1998, S. 8f. und S. 48ff.

1 Stellen Sie fest, ob es auch in Ihrer unmittelbaren Umgebung Erscheinungsformen von Armut gibt.
2 Erarbeiten Sie aus den Materialien (S. 6–7) die Ursachen, die das Risiko, in die relative Armut abzurutschen, am stärksten erhöhen.

2.3 Folgen

↓ *„Frankfurt (AP) – Die medizinische Versorgung armer Menschen hat sich nach Angaben des paritätischen Wohlfahrtsverbandes mit der Gesundheitsreform drastisch verschlechtert. Betroffen seien 414000 Behinderte, Suchtkranke, Obdachlose und Heimbewohner. Da diese Menschen nur wenig Geld besäßen, könnten viele sich selbst bei Notfällen nicht mehr den Gang zum Arzt leisten oder müssten auf notwendige Medikamente, Zahnersatz oder Brille verzichten."*

Süddeutsche Zeitung vom 13.04.2004

↓ *„Die Armut geht mit Krankheit und gar einer höheren Sterblichkeitsrate einher. ‚Chronisch schlechte Gesundheit', heißt es in dem Bericht der Armutskonferenz, ‚erhöht bei Erwachsenen das Risiko von Armut'. Während Erwachsene aufgrund ihrer verminderten Leistungsfähigkeit durch den Rost fielen, ‚gibt es bei Kindern Hinweise darauf', dass diejenigen, die in Armut aufwachsen, als Erwachsene ‚eine schlechtere Gesundheit' aufweisen – und damit gar nicht erst fit sind für die Leistungsgesellschaft. Bei Arbeitslosen etwa stellen sich zahlreiche psychosomatische Krankheiten, wie Schlaflosigkeit, Depressionen und Angstzustände ein, heißt es in dem Bericht weiter. Es bestehe ein um 50 Prozent erhöhtes Risiko an Herz-Kreislauf-Erkrankungen. Bei Langzeitarbeitslosen ‚finden sich Selbsttötungsversuche bis zu 20-mal häufiger als bei vergleichbaren Gruppen von Arbeitnehmern'. Und die Sterblichkeit ist bei Erwerbslosen um das 2,6-fache höher als bei Angestellten und Arbeitern. ...*
Allein erziehende Frauen, die einen Großteil der von Einkommensarmut Betroffenen ausmachen, leiden unter anderem ‚signifikant häufig' an Kopfschmerzen, Rückenschmerzen, Schlaflosigkeit, Menstruationsbeschwerden und Magenerkrankungen. Auch Kinder, die mit über zwanzig Prozent einen großen Teil der in Armut lebenden Menschen hierzulande ausmachen, leiden ebenfalls verstärkt unter Krankheiten, darunter chronische Erkrankungen wie Asthma.
Von Chancengleichheit für diese Kinder kann in einer Zeit, in der Wissen Zugang zur Zukunft bedeutet, keine Rede sein. ‚Die Schulleistungen und der erreichte Bildungsgrad von Kindern aus armen Familien sind schlechter als der anderer Kinder', heißt es in der sozialpolitischen Bilanz. In der Tat ist nach der Lehre für zwei Drittel der Nachkommen aus einfachen bis armen Verhältnissen Schluss mit der Bildung. Nur vier Prozent der Kinder aus diesem Bereich besuchen eine Universität."

Hilmar Höhn: Sozialstaat in der Krise – Die Kluft zwischen Arm und Reich wird immer größer. In: Frankfurter Rundschau vom 3.6.2000

M1 *Kinder in der Sozialhilfe zum Jahresende 2003*

Kinder insgesamt	Davon im Alter von ... bis ... Jahren			
	unter 3 Kleinkinder	3 - 6 Kindergartenalter	7 - 14 Schulpflichtige Kinder	15 - 17 Jugendliche
Anzahl				
1 079 000	241 000	259 000	434 000	145 000
Anteil an allen Kindern mit Bezug von Sozialhilfe in %				
100	22,2	24,0	40,3	13,5

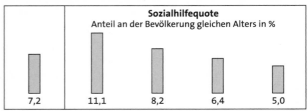

Sozialhilfequote
Anteil an der Bevölkerung gleichen Alters in %

| 7,2 | 11,1 | 8,2 | 6,4 | 5,0 |

Nach Statistisches Bundesamt, August 2004

Kinder und Armut

↓ *„Zunächst einmal gilt: Kinderarmut ist in allen Kommunen, die in die Studie einbezogen waren, vorzufinden. Die armen Kinder leben jedoch im Vergleich zu den nicht-armen signifikant häufiger in Großstädten und ‚sozialen Brennpunkten'. Je größer die Gemeinde ist, aus der die untersuchten Vorschulkinder kommen, desto höher ist der Armutsanteil. ...*
Im Bereich Grundversorgung weisen 40 Prozent der armen gegenüber 15 Prozent der nicht-armen Kinder Mängel auf. Am deutlichsten äußert sich familiäre Armut hier im verspäteten und unregelmäßigen Zahlen von Essensgeld und sonstigen Beiträgen für Kindertagesstättenaktivitäten. Häufig kommt es auch vor, dass arme Kinder hungrig in die Einrichtung kommen und dass dem Kind die körperliche Pflege fehlt. Relativ selten ist dagegen das Fehlen von notwendiger Kleidung.
Mehr als doppelt so häufig wie nicht-arme Kinder weisen arme Kinder Einschränkungen bzw. Auffälligkeiten im kulturellen Bereich auf: 36 Prozent der armen Kinder sind mit Blick auf ihr Spielverhalten auffällig, 38 Prozent versus 16 Prozent bezüglich ihres Sprachverhaltens und schließlich 34 Prozent versus 18 Prozent mit Blick auf ihr Arbeitsverhalten.
Weist ein Kind in einem der drei oben genannten ‚kulturellen' Bereiche Einschränkungen auf, so macht dies den Übertritt in die Regelschule deutlich unwahrscheinlicher. ...
Arme Kinder sind ... im sozialen Bereich deutlich häufiger eingeschränkt beziehungsweise auffällig als nicht-arme Kinder (36 versus 18 Prozent)"

Wenn schon die Kindheit von Armut geprägt ist. Sozialbericht der Arbeiterwohlfahrt 2000 zu Zukunftschancen von Kindern und Jugendlichen. In: Frankfurter Rundschau vom 26.10.2000

2.4 Hilfsmaßnahmen

Staatliche Maßnahmen zur Linderung der Armutsfolgen haben ihre Grundlage im Sozialstaatsgebot unseres Grundgesetzes und in dessen Konkretisierung im Sozialhilfegesetz (ab 01.01.2005 Sozialgesetzbuch II und XII). Danach steht jedem Menschen Sozialhilfe zu, der sich in einer Notlage befindet und sich nicht aus eigenen Kräften helfen kann. Diese Notlage kann darauf zurückzuführen sein, dass der Betroffene nicht genügend Geld verdient, seine Arbeitsstelle verloren hat und keine neue findet, dass er nicht auf eigenes Vermögen für seinen Lebensunterhalt zurückgreifen kann oder dass er zu wenig Hilfe von anderen Stellen erhält (z. B. vom Arbeitsamt, vom Rentenversicherungsträger oder von unterhaltspflichtigen Angehörigen). Aufgabe der Sozialhilfe ist es, dem Empfänger die Führung eines Lebens zu ermöglichen, das der Würde des Menschen entspricht. Die Hilfe soll die Betroffenen so weit wie möglich befähigen, unabhängig von ihr zu leben. Sie sind verpflichtet, hierbei nach Kräften mitzuwirken.

Sozialhilfe wird gewährt in Form von Beratungen in allen sozialen Angelegenheiten sowie in Geld- und Sachleistungen. Kernbereich ist hierbei die Hilfe zum Lebensunterhalt mit Unterstützungen bei Ernährung, Unterkunft, Kleidung, Körperpflege, Hausrat, Heizung und persönlichen Bedürfnissen des täglichen Lebens. Zu Letzterem gehören in einem gewissen Umfang auch Kontakte zur Umwelt sowie die Teilnahme am kulturellen Leben.

Ein Großteil dieser Hilfen erfolgt in Zahlungen, die nach pauschalen Regelsätzen bemessen sind (M2). Diese Regelsätze orientieren sich am statistischen Bedarf der unteren Einkommensgruppen vergleichbarer Arbeitnehmerhaushalte. Die Höhe des Sozialhilfeanspruchs ergibt sich aus der Differenz zwischen dem „anzurechnenden Haushaltseinkommen" und dem aus den Regelsätzen ermittelten Bedarf einer Familie (Haushaltsvorstand, Ehepartner als „volljähriger Haushaltsangehöriger", Kinder je nach Alter) zuzüglich der Unterkunftskosten (M3).

Daneben können bei Bedarf „Einmalhilfen" gewährt werden (z. B. für die Erstausstattung von Wohnung oder Bekleidung, bei Schwangerschaft oder Geburt, bei mehrtägigen Klassenfahrten der Kinder). Auch Kranken-, Pflege- und Altersicherungsbeiträge können von der Sozialhilfe übernommen werden.

Die öffentliche Sozialhilfe wird entlastet bzw. ergänzt durch das Wirken privater Gruppen und Vereinigungen (z. B. Arbeiterwohlfahrt, Diakonisches Werk, Deutscher Caritasverband, Deutsches Rotes Kreuz). Das Engagement dieser „Verbände der freien Wohlfahrtspflege" reicht bei den von Armut betroffenen Familien von der Kleinkinderbetreuung und Jugendarbeit über die Behindertenhilfe und Altenpflege bis zur Betreuung von Randgruppen und Minderheiten. Diese Eigeninitiative entspricht dem Prinzip der Subsidiarität.

M2 *Monatliche Regelsätze der Sozialhilfe ab 01.01.2005*
(einheitlich für alle Bundesländer)

Berechtigter	Regelsatz
Haushaltsvorstand und Alleinerziehende	345 €
Haushaltsangehörige 0–14 Jahre	207 €
Haushaltsangehörige 15–18 Jahre	276 €
volljährige Haushaltsangehörige	310 €

Die Regelsätze sollen die Kosten aller Bedürfnisse des täglichen Lebens abdecken (also Ernährung, Hauswirtschaft, Energie, Kleidung, Hausrat, Körperpflege, persönlicher Bedarf). Sie werden am 1. Juli jeden Jahres angepasst und ergänzt durch Kosten für Unterkunft und Heizung.

M3 *Beispiel zur Berechnung eines Sozialhilfeanspruchs (ab 01.01.2005) – in Euro*

– Arbeitslosengeld I (bei einem Familienvater 67 % des letzten Nettoeinkommens max. 18 Monate)[1]	900,00
– Kindergeld	462,00
– Wohngeld	357,00
verfügbares Haushaltseinkommen	**1 719,00**
abzüglich	
– Haftpflichtversicherung	8,00
– Freibeträge für Kinder	20,50
anzurechnendes Haushaltseinkommen	**1 690,50**
– Regelsatz Haushaltsvorstand	345,00
– Regelsatz Ehepartner	311,00
– Regelsatz erstes Kind, 17 Jahre	276,00
– Regelsatz zweites Kind, 13 Jahre	207,00
– Regelsatz drittes Kind, 9 Jahre	207,00
– Kosten der Unterkunft	505,00
– Heizkosten	80,00
Gesamtbedarf	1 931,00
Anspruch auf Hilfe zum Lebensunterhalt	**240,50**

[1] nach Ablauf der 18 Monate Arbeitslosengeld II; unabhängig vom bisherigen Einkommen als Pauschale entsprechend der Regelsätze der Sozialhilfe

1 *Erstellen Sie eine Liste von notwendigen oder wünschenswerten Gütern, die Ihrer Meinung nach zu einem menschenwürdigen Leben in Deutschland gehören.*

2 *Ermitteln Sie die Preise für diese Güter und vergleichen Sie den Geldbedarf mit den Regelsätzen der Sozialhilfe.*

3 *Ermitteln Sie die monatlichen Ausgaben für Ihren persönlichen Bedarf (z. B. Telefon/Handy, Hobby, Nahrung, Kleidung, Verkehrsmittel usw.) und vergleichen Sie diesen Betrag mit den Regelsätzen der Sozialhilfe (M2).*

4 *Stellen Sie Gefahren dar, die sich aus dem weiteren Auseinanderdriften unserer Gesellschaft ergeben könnten.*

5 *Kartieren Sie in Ihrer Heimatstadt Viertel, in denen soziale Problemgruppen wohnen.*

6 *Ermitteln Sie im Rahmen einer Behördenbefragung Sozialhilfemaßnahmen und -ausgaben ihrer Gemeinde.*

M1 Dynamische Wirtschaftsregion und Wohlstand

M2 Mariapocs in Ost-Ungarn – Rückstandsregion und Armut

3 Armut und Reichtum in der Europäischen Union

„Sowohl in den derzeitigen als auch in den neuen Mitgliedstaaten gibt es eine erhebliche Anzahl von Menschen, die aufgrund ihres Einkommensniveaus von Armut (definiert als Einkommen von weniger als 60% des nationalen Mittelwertes) bedroht sind. Im Jahr 2000 waren rund 55 Millionen Menschen, etwa 15% der Gesamtbevölkerung, von Armut bedroht, bei mehr als der Hälfte von ihnen hielt das niedrige Einkommensniveau schon drei Jahre hintereinander an ... Das Armutsrisiko hängt eng mit Arbeitslosigkeit und Nichterwerbstätigkeit zusammen."

Europäische Kommission: Dritter Zwischenbericht über den wirtschaftlichen und sozialen Zusammenhalt, Februar 2004, S. X

Mit derart sachlichen Feststellungen beschreibt die Europäische Kommission wesentliche Entwicklungsunterschiede innerhalb der Europäischen Union. Aber die statistischen Angaben enthalten politischen und sozialen Sprengstoff. Kann es eine Gemeinschaft hinnehmen, dass über 55 Millionen ihrer Mitbürger (also etwa jeder Siebte) vor allem hinsichtlich ihrer Einkommen und Chancen benachteiligt sind, dass 68 Millionen Einwohner in Rückstandsregionen leben mit beschränkten Zugangsmöglichkeiten zum Beispiel zum Arbeitsmarkt, zu Bildungseinrichtungen oder zur medizinischen Versorgung? Welche persönlichen Schicksale verbergen sich hinter diesen Zahlen? Soll die Europäische Union ihren Bürgern in allen Regionen humane und vor allem gleichwertige Lebensbedingungen und Chancen garantieren oder reicht es aus, im wirtschaftsliberalen Sinne den freien Verkehr von Waren und Kapital sicherzustellen, die Entwicklung in den Teilräumen aber dem freien Spiel der Kräfte zu überlassen? Ist die EU nur Wirtschafts- und Währungsunion oder auch Sozialgemeinschaft?

Die Antwort auf dem Papier ist eindeutig: Die Verträge von Maastricht (1993) und Amsterdam (1999) haben die „Stärkung des wirtschaftlichen und sozialen Zusammenhalts" sowie die „Herbeiführung einer ausgewogenen Entwicklung", also eines annähernden Gleichgewichts zwischen den Teilräumen, nochmals zu einem Hauptziel aller Integrationsbestrebungen erklärt. Und bei den EU-Gipfeln in Lissabon sowie Nizza im Jahre 2000 haben sich die 15 Staats- und Regierungschefs der damaligen EU darauf geeinigt, der Bekämpfung von Armut sowie sozialer Ausgrenzung höchste politische Priorität einzuräumen. Zugunsten der sozial schwächsten Gruppen sollen der Zugang zum Arbeitsmarkt verbessert und Maßnahmen in den Bereichen Bildung und Ausbildung, Gesundheitswesen und Wohnungsbau ergriffen werden. Grundlage aller Beschlüsse ist die Erkenntnis, dass ein vereintes Europa auf Dauer nur lebensfähig ist, wenn sowohl der wirtschaftliche und politische wie auch der soziale Zusammenhalt gefördert wird. Die Unterschiede im Lebensstandard und in den Lebenschancen dürfen nicht zu groß werden, wenn der Begriff der Gemeinschaft einen Sinn haben soll. Demzufolge haben auch die im Mai 2004 beigetretenen 10 neuen Mitglieder die getroffenen Vereinbarungen übernommen.

Um die erforderlichen Maßnahmen ergreifen und die finanziellen Mittel gezielt einsetzen zu können, muss zunächst die wirtschaftliche und soziale Entwicklung in den einzelnen Staaten der EU sowie in deren Teilräumen gemessen und verglichen werden. Diese Erhebungen bilden die Grundlage für den Einsatz verschiedener strukturpolitischer Instrumente, mit deren Hilfe periphere Räume gefördert, die Lebensbedingungen sowie -chancen ihrer Bewohner verbessert und insbesondere Arbeitslosigkeit und Armut abgebaut werden sollen. Inhalte und Verfahren dieser Raumordnungs- und Sozialpolitik werden im Folgenden vorgestellt.

M3 *Jugendarbeitslosenquoten in den Regionen der EU 2002*

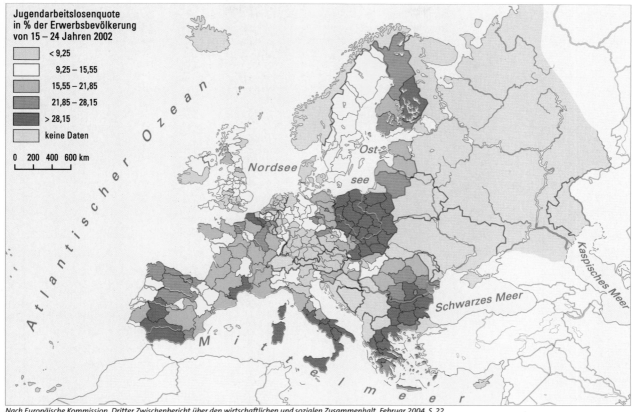

Jugendarbeitslosenquote
in % der Erwerbsbevölkerung
von 15 – 24 Jahren 2002

- < 9,25
- 9,25 – 15,55
- 15,55 – 21,85
- 21,85 – 28,15
- > 28,15
- keine Daten

0 200 400 600 km

Nach Europäische Kommission. Dritter Zwischenbericht über den wirtschaftlichen und sozialen Zusammenhalt. Februar 2004. S. 22

M4 *Bruttoinlandsprodukt pro Kopf in den Regionen 2001 (in KKS)*

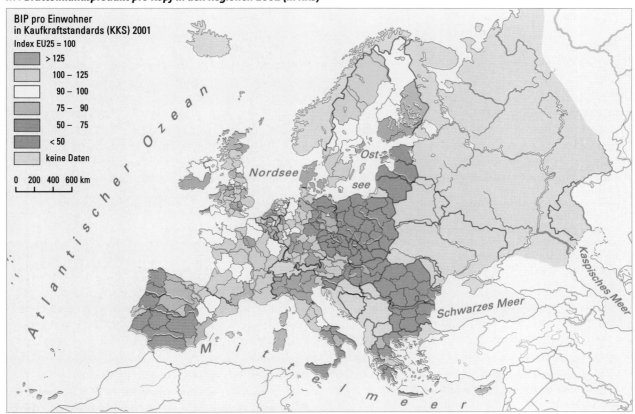

BIP pro Einwohner
in Kaufkraftstandards (KKS) 2001

Index EU25 = 100

- > 125
- 100 – 125
- 90 – 100
- 75 – 90
- 50 – 75
- < 50
- keine Daten

0 200 400 600 km

Nach Europäische Kommission. Dritter Zwischenbericht über den wirtschaftlichen und sozialen Zusammenhalt. Februar 2004, S. 5

M1 *Armut in der Europäischen Union*

Staat	Bevölkerung in Mio.	Ausgaben für Sozialschutz (in % des BSP)	Anteil der von Armut bedrohten Personen in %		Anteil der von dauerhafter Armut bedrohten Personen in %	Personen in erwerbslosen Haushalten in %	Schulabbrecher in %
EU-15			nach Sozial-transfer	vor Sozial-transfer			
Belgien	10,35	26,7	13	25	8	16,5	13,6
Dänemark	5,39	28,8	11	24	5	.	16,8
Deutschland	82,56	29,5	11	21	6	13,8	12,5
Finnland	5,21	25,2	11	21	5	.	10,3
Frankreich	59,64	29,7	15	24	9	13,0	13,5
Griechenland	11,02	26,4	21	22	13	10,5	16,5
Irland	3,93	14,1	18	30	12	10,0	.
Italien	56,46	25,2	18	21	11	11,9	26,4
Luxemburg	0,44	21,0	13	24	8	8,9	18,1
Niederlande	16,19	27,4	11	21	5	9,7	15,3
Österreich	8,16	28,7	12	23	7	9,9	10,2
Portugal	10,41	22,7	21	27	14	5,0	45,2
Schweden	8,94	32,3	9	28	.	.	10,5
Spanien	40,68	20,1	19	23	11	8,1	28,6
Vereinigtes Königreich	59,09	26,8	19	30	11	14,2	.
Beitrittsländer 01.05.2004							
Estland	1,36	1)	18	42	1)	1)	1)
Lettland	2,30	1)	16	45	1)	1)	1)
Litauen	3,50	1)	17	38	1)	1)	1)
Malta	0,40	1)	15	30	1)	1)	1)
Polen	38,70	1)	15	46	1)	1)	1)
Slowakei	5,40	1)	.	.	1)	1)	1)
Slowenien	2,00	1)	11	37	1)	1)	1)
Tschechische Republik	10,30	1)	8	35	1)	1)	1)
Ungarn	10,20	1)	.	.	1)	1)	1)
Zypern	0,70	1)	16	24	1)	1)	1)

- **Ausgaben für den Sozialschutz**: Maßnahmen bei Krankheit, Behinderung, Bedürftigkeit im Alter, Arbeitslosigkeit, sozialer Ausgrenzung von Familien oder Kindern
- **Von Armut bedrohte Personen**: Anteil der Bevölkerung in Haushalten mit einem Einkommen von weniger als 60 % des jeweiligen nationalen Durchschnittseinkommens
- **Sozialtransfers**: Alters- und Überlebendenrenten, Arbeitslosenunterstützung, Invalidenrenten, Familiengeld usw.
- **Personen in erwerbslosen Haushalten**: Anteil der Personen von 0–65, die in Haushalten mit Mitgliedern im „erwerbsfähigen Alter" leben, in denen jedoch kein Mitglied einer Erwerbstätigkeit nachgeht
- **Schulabbrecher**: Prozentsatz der 18–24jährigen, die in den letzten vier Wochen vor der Untersuchung an keiner Aus- oder Weiterbildung teilnahmen und die höchstens den Bildungsabschluss des Sekundarbereichs I haben
- 1) Für die Beitrittsländer fehlen noch harmonisierte und weiter aufgeschlüsselte Daten.

Zusammengestellt nach: European Anti Poverty Network. Nachrichten aus dem Netz Nr. 102., Sept./Okt. 2003. S. 2ff.; Nr. 103, Nov./Dez. 2003 und Nr. 105, März/April 2004. http://www.eapn.org/docs/nn/102-DE.pdf

1 a) Stellen Sie „Wohlstands- und Problemregionen" in der EU fest.

b) Untersuchen Sie anhand entsprechender Atlaskarten die naturräumliche Ausstattung und die Wirtschaftsstruktur dieser Regionen.

2 Erarbeiten Sie aus M3, S. 11 die unterschiedlichen beruflichen Perspektiven von Jugendlichen innerhalb der EU.

3 Erstellen Sie unter Verwendung der Daten in M1 zwei Säulendiagramme, die den Anteil der von Armut bedrohten Personen (nach und vor Sozialtransfer) innerhalb der EU-25 vergleichen.

3.1 Eine Rückstandsregion: Armut in Nordpolen

M2 *Bergarbeitersiedlung des Kohlereviers Bytom, 2004*

↓ *„Die Einkaufszentren und der Werbeschilderwald in den Großstädten Polens (des größten der neuen EU-Beitrittsländer) ... unterscheiden sich kaum noch von denen der Metropolen im Westen. Doch vom Lebensstandard der bisherigen EU-Partner sind große Teile des Landes noch weit entfernt. Auf dem strukturschwachen Land und in den krisengeschüttelten Schwerindustrieregionen Oberschlesiens leben immer mehr Menschen am Rande des Existenzminimums. ... Die Armut trifft vor allem die Kinder. Eine Studie des Wirtschaftsministeriums ... schätzt, dass rund 30 Prozent der polnischen Schüler unterernährt sind. Nur die dicke Schneeschicht auf den Dächern verleiht den Plattenwohnblocks der 800-Seelen-Gemeinde Garbno westlich von Ketrzyn (Rastenburg) einen Hauch von Beschaulichkeit. Bis zur demokratischen Wende von 1989 hatte das dortige Kombinat zu den ertragreichsten des Landes gezählt und mehr als tausend Landarbeiter beschäftigt. Doch als die Kolchose Anfang der neunziger Jahre aufgelöst wurde, begann der unaufhaltsame Abstieg. Die Abfindungen für die Landarbeiter waren zu klein, um den Einstieg in die Selbstständigkeit oder den Kauf eigenen Landes zu wagen. Die Kolchose sei für die Landarbeiter ‚Mutter und Vater zugleich' gewesen, habe alles für sie geregelt, Eigeninitiative sei nicht nötig gewesen, erklärt die Schuldirektorin Siewruk. ‚Die Leute konnten sich auf die neue Zeit nicht einstellen, ... sie waren auf dem freien Markt von Anfang an verloren.' Investoren blieben im strukturschwachen Masuren aus, wer konnte, wanderte ab. Anspruch auf Arbeitslosengeld hatten die Landarbeiter nur für ein Jahr. ... Offiziell liegt die Arbeitslosigkeit in Garbno zwischen 30 und 40 Prozent, doch der tatsächliche Anteil der Erwerbslosen beträgt weit mehr als 50 Prozent. Ein Viertel der Familien mit Schulkindern habe keinerlei Einkommen, müsse mit kärglichen Sozialhilfen von 50 Zloty (10,60 Euro) im Monat ihr Leben bestreiten. "*

Thomas Roser: Für viele Kinder ist der Hunger alltäglich. In: Stuttgarter Zeitung vom 14.01.2004

3.2 Eine stabile Wirtschaftsregion: Raum München

M3 *Arbeitslosenquoten im Vergleich*

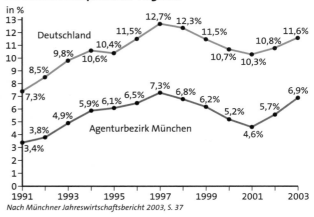

Nach Münchner Jahreswirtschaftsbericht 2003, S. 37

M4 *Absolute und relative Kaufkraft je Einwohner 2003 im Vergleich in Euro*

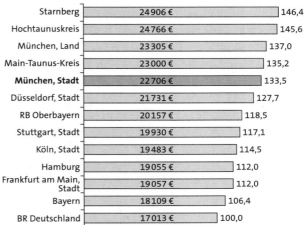

	Euro	rel.
Starnberg	24906 €	146,4
Hochtaunuskreis	24766 €	145,6
München, Land	23305 €	137,0
Main-Taunus-Kreis	23000 €	135,2
München, Stadt	22706 €	133,5
Düsseldorf, Stadt	21731 €	127,7
RB Oberbayern	20157 €	118,5
Stuttgart, Stadt	19930 €	117,1
Köln, Stadt	19483 €	114,5
Hamburg	19055 €	112,0
Frankfurt am Main, Stadt	19057 €	112,0
Bayern	18109 €	106,4
BR Deutschland	17013 €	100,0

Nach Münchner Jahreswirtschaftsbericht 2003, S. 30

↓ *„Die wirtschaftliche Entwicklung Münchens konnte sich im letzten Jahr nicht von den negativen nationalen Vorgaben lösen. Insgesamt hat sich die Zahl der sozialversicherungspflichtig Beschäftigten um knapp 3 % verringert und die Zahl der Arbeitslosen hat einen neuen Höhepunkt erreicht. Im Städte- und Regionenvergleich zeigt sich aber, dass die ökonomische Stärke und die wirtschaftlichen Rahmenbedingungen in München noch immer überdurchschnittlich gut sind. So ist zu erwarten, dass beim allmählich einsetzenden Aufschwung München eine der ersten Städte sein wird, in denen positive Impulse spürbar werden. Im Jahr 2003 hat die Landeshauptstadt München ihre im deutschen und internationalen Vergleich gute Position behauptet, auch wenn in manchen Teilbereichen Rangplätze eingebüßt werden mussten. "*

Münchener Jahreswirtschaftsbericht 2003, S. 1ff.

4 Versetzen Sie sich in die Lage eines Bewohners einer der beiden Beispielregionen. Beschreiben Sie Ihre Berufschancen und Lebensperspektiven.

M1 *Der 2001 eröffnete internationale Flughafen von Athen – mitfinanziert aus Mitteln des Strukturfonds*

3.3 Maßnahmen der EU zum Abbau räumlicher und sozialer Unterschiede

Auf welche Weise können die regionalen und sozialen Disparitäten abgebaut werden? Für die Raumordnungspolitik der Europäischen Union ergibt sich bei der Beantwortung dieser Frage zunächst einmal ein grundlegender Zielkonflikt. Will sie ihre Wettbewerbsfähigkeit im globalen Maßstab verbessern, muss sie die Infrastrukturausstattung der bereits bestehenden dynamischen, weltwirtschaftlichen Integrationszonen weiter ausbauen und die dortige Ansiedlung von Unternehmen fördern. Denn diese Ballungsräume bieten den privaten Investoren die notwendigen Agglomerationsvorteile für ein kostengünstiges Wirtschaften.

Will sie aber im sozialstaatlichen Sinne stärker auf eine Gleichwertigkeit der Lebenschancen sowie auf eine nachhaltige und ausgewogene Raumentwicklung hinarbeiten, muss sie gezielt die peripheren Passivräume fördern. Bei dieser Strategie einer polyzentrischen Entwicklung müssten den Unternehmen also starke Anreize zur Ansiedlung an der Peripherie bzw. in Rückstandsregionen geboten werden, um den Wegfall von Agglomerationsvorteilen auszugleichen.

Das Europäische Raumentwicklungskonzept (EUREK) antwortet auf diesen Zielkonflikt mit einem Sowohl-als-auch. Es sieht einerseits den gezielten Ausbau mehrerer international gut erreichbarer und miteinander vernetzter Metropolregionen vor, in denen die wirtschaftliche Entwicklung zur Schaffung einer Vielzahl neuer Arbeitsplätze führen soll. Andererseits sollen die strukturschwachen Räume dadurch gestärkt werden, dass – ausgehend von der Wirtschaftsförderung in kleineren Städten – aktive Regionalzentren als Impulsgeber für eine Diversifizierung der ländlichen Wirtschaft entstehen. Es gilt, den Menschen in diesen Rückstandsregionen Perspektiven anzubieten, um so die EU auch als Sozialgemeinschaft zu verwirklichen.

Um die Effektivität der europäischen Raumordnungs- und Sozialpolitik zu überprüfen, ist die Europäische Kommission beauftragt, die soziale sowie wirtschaftliche Entwicklung in allen Teilräumen der EU zu messen und zu vergleichen. Die Ergebnisse dieser Untersuchungen werden in regelmäßigen Abständen veröffentlicht.

↓ *„Trotz Abschwächung der Disparitäten (zwischen den Regionen) bestehen nach wie vor große Unterschiede. In Griechenland und Portugal beträgt das Pro-Kopf-BIP noch immer nur rund 70 % oder weniger des Gemeinschaftsdurchschnitts, in Griechenland und Spanien gehen etwa 6 – 8 % weniger Menschen im erwerbsfähigen Alter einer Beschäftigung nach als im EU-Durchschnitt.*
Die Disparitäten in Bezug auf Einkommen und Beschäftigung werden sich mit dem Beitritt der (10) neuen Mitgliedstaaten (zum 1. Mai 2004) ... um einiges verschärfen. Das durchschnittliche Pro-Kopf-BIP dieser Länder beträgt weniger als die Hälfte des Durchschnitts der derzeitigen Union und nur 56 % der Personen im erwerbsfähigen Alter gehen einer Beschäftigung nach, im Vergleich zu 64 % in der EU 15. ...
Zum Abbau der Disparitäten müssen in den Regionen der EU zwei sich ergänzende Bedingungsgruppen erfüllt werden, um dauerhafte wirtschaftliche Entwicklung und Beschäftigung in einem wettbewerbsorientierten Umfeld zu gewährleisten. Erstens bedarf es einer angemessenen Basisinfrastruktur (in Form effizienter Verkehrs-, Telekommunikations- und Energienetze ...) und eines angemessenen Humankapitals (d. h. einer Erwerbsbevölkerung mit entsprechenden Qualifikationen). Zweitens müssen die Regionen ... in der Lage sein, Innovationen durchzuführen...“
Europäische Kommission: Dritter Zwischenbericht über den wirtschaftlichen und sozialen Zusammenhalt, Februar 2004, S. VIII ff.

Zur konkreten Umsetzung ihrer sozial- und raumpolitischen Konzepte hat sich die Europäische Union – zur Unterstützung entsprechender nationaler Anstrengungen – ein umfangreiches Instrumentarium geschaffen (M2). Für den Strukturfonds, der zusammen mit der Gemeinsamen Agrarpolitik über 80 Prozent des jährlichen EU-Haushaltes beansprucht, liegen von 2000 bis 2006 die jährlichen Ausgaben zwischen 29,4 und 26,6 Mrd. Euro (in Preisen von 1999). Der Kohäsionsfonds ist für den gleichen Zeitraum mit insgesamt 18 Mrd. Euro ausgestattet. In diesen Kohäsionsfonds werden ab dem 1. Mai 2004 auch die 10 Beitrittsländer einbezogen, die dann – einschließlich entsprechender Mittel aus dem Strukturfonds – bis zum Jahre 2006 Fördermittel in Höhe von 24 Mrd. Euro erhalten. In Verhandlungen mit der Europäischen Kommission wurden mit den 10 neuen Mitgliedsstaaten Strategien zum effektiven Einsatz der Mittel vereinbart. Eine besondere Bedeutung kommt dabei jeweils der Entwicklung des ländlichen Raumes zu.

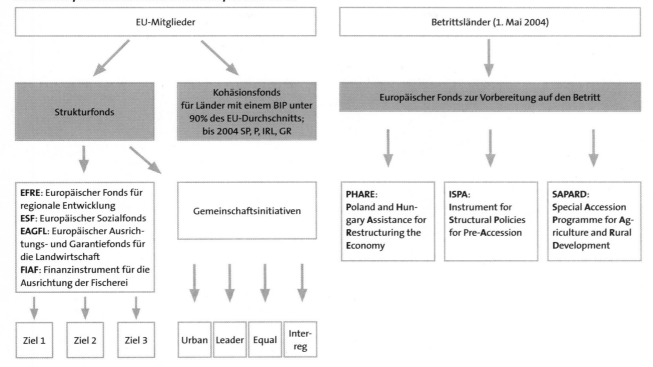

M2 **Strukturpolitische Instrumente der Europäischen Union**

- – Ziel 1: Förderung von strukturschwachen Regionen (BIP pro Kopf von weniger als 75 % des EU-Durchschnitts; extreme Randlage)
- – Ziel 2: Förderung von Gebieten mit strukturellen Anpassungsproblemen (Rückgang der Industrie, hohe Arbeitslosenquote, ländliche Gebiete im Niedergang, besonders stark von der Fischerei abhängige Gebiete)
- – Ziel 3: Modernisierung der Konzepte zur beruflichen Bildung und Beschäftigung
- – Urban: Wiederbelebung krisenbetroffener Städte oder Stadtviertel, Förderung einer dauerhaften Stadtentwicklung
- – Leader: Entwicklung des ländlichen Raumes durch Kooperation mit lokalen Aktionsgruppen
- – Equal: transnationale Zusammenarbeit zur Bekämpfung von Diskriminierung und Ungleichheit auf dem Arbeitsmarkt
- – Interreg: Förderung grenzüberschreitender, interregionaler Zusammenarbeit in der Raumplanung und -entwicklung

Besondere Förderung der Beitrittsländer: Beispiel Polen

„Die regionalen Disparitäten sind in Polen sehr ausgeprägt – in den Großstädten konzentrieren sich die neuen Aktivitäten, während die ländliche Wirtschaft zurückbleibt. In einem Bericht aus dem Jahre 1999 … wies das Internationale Arbeitsamt auf die ‚offenkundig unzulängliche Infrastruktur außerhalb der Großstädte und den Mangel an Straßen sowie Schienenwegen sowie auf die Misere im Bereich der Telekommunikation' hin. Lauter Elemente, die dem Handel und der Entwicklung der ländlichen Gebiete im Wege stehen können. …

… Polen profitiert bereits von den verschiedenen Heranführungsprogrammen. Für den Zeitraum 2000 – 2006 hat das ISPA dem Land Fördermittel zwischen 198 und 385 Mio. EURO pro Jahr gewährt. Über Sapard erhält Polen für den gleichen Zeitraum jedes Jahr durchschnittlich 168,6 Mio. EURO. Und im Rahmen des Programms Phare, das seit über zehn Jahren die Modernisierung der mittel- und osteuropäischen Länder begleitet, belief sich Polens jährliche Dotierung zwischen 2000 und 2002 auf 398 Mio. EURO.

Als Mitglied der Union wird das Land umfassende europäische Beihilfen erhalten. Nach den im Rat von Kopenhagen (Dezember 2002) festgelegten Verteilerschlüsseln werden für Polen zwischen 45,65 % und 52,72 % der gesamten für die neuen Mitgliedstaaten vorgesehenen Mittel des Kohäsionsfonds bereitgestellt. Allein für das Ziel 1 soll das Land 7 320,7 Mio. EURO bekommen, also mehr als die Hälfte der geplanten Gemeinschaftsbeihilfen."
Europäische Kommission. inforegio panorama. H. 10, Juni 2003, S. 9

1 Ermitteln Sie im Rahmen einer Internetrecherche weitere Informationen zu einzelnen strukturpolitischen Instrumenten der EU (M2). Klären Sie dabei auch den Begriff „Kohäsionsfonds" (Lexikon).

2 Erläutern Sie mithilfe von M2 die besonderen Fördermaßnahmen für Polen.

3 Überprüfen Sie anhand von aktuellen Medienberichten, mit welcher Ernsthaftigkeit der Kampf gegen Armut und soziale Ausgrenzung in der EU vorangetrieben wird.

4 Armut im „Land der unbegrenzten Möglichkeiten": Die USA

M1 *Arm und Reich in den USA*

M2 *Armut in den USA (2000)*

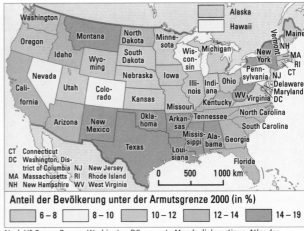

Anteil der Bevölkerung unter der Armutsgrenze 2000 (in %)

| 6 – 8 | 8 – 10 | 10 – 12 | 12 – 14 | 14 – 19 |

Nach US Census Bureau, Washington DC. – aus: Le Monde diplomatique. Atlas der Globalisierung. taz Verlags- und Vertriebs GmbH, Berlin 2003. S. 100

Der „Durchschnittsamerikaner", nennen wir ihn Ken Douglas, träumt bis heute den „American Dream", nämlich durch harte Arbeit und eisernen Willen nach oben zu kommen. Er strebt einen College-Abschluss an, weil der ihm die Gewähr für eine gesicherte Karriere zu bieten scheint. Für diese Karriere ist Ken Douglas jederzeit bereit, seine Stelle zu wechseln, wenn sich ihm in einer anderen Firma in einem anderen Bundesstaat die Chance auf einen Gehaltsanstieg bietet. Mobilität und Flexibilität sind sein Markenzeichen.

Dionne dagegen ...

↓ *„.... ist Afroamerikanerin und allein erziehende Mutter zweier Kinder. ... Sie lebt in einem Viertel für Einkommensschwache. Zwar steht sie auf der Warteliste für Wohnbeihilfe, aber im Moment zahlt sie eine hohe Miete. Das Bezahlen der Miete hat für Dionne höchste Priorität, denn vor zwei Jahren, als sie in Minneapolis ankam, musste sie erst einmal in einer (äußerst einfachen) Unterkunft leben; sie weigert sich, da wieder hinzugehen. Ihren Kindern erlaubt sie nicht, draußen zu spielen, weil sie um deren Sicherheit fürchtet.*
Die Erkrankungen ihrer Kinder zwangen sie häufig, der Arbeit fern zu bleiben. Auf diese Weise verlor sie mindestens einen Job. Ihren bislang bestbezahlten Job mit einem Stundenlohn von neun Dollar verlor Dionne wegen Problemen mit den öffentlichen Verkehrsmitteln. Die Arbeitsstelle war in einem der Vororte und wegen der unzuverlässigen öffentlichen Verkehrsmittel kam sie oft zu spät. Eine andere Arbeitsstelle verlor sie, weil sie sich freinahm, um gegen einen Freund, der sie misshandelte,

Anzeige zu erstatten und eine einstweilige Verfügung zu beantragen.
Dionne versuchte, ihren Highschool-Abschluss in der Abendschule zu machen. Aber weil es am Abend keine Kinderbetreuungsmöglichkeiten gibt, kann sie die Schule nicht regelmäßig besuchen. Jetzt wartet sie, bis sie bei der Wohnbeihilfe an der Reihe ist. Dann könnte sie weniger arbeiten und hätte mehr Zeit, um ihren Highschool-Abschluss nachzumachen."
Brot für die Welt (Hrsg.): HungerReport 2002/2003. Armut und Hunger in den USA. Brandes & Apsel Verlag, Frankfurt/M. 2002. S. 32 f.

Offiziell werden heute etwa 30 Millionen Amerikaner als „in Armut lebend" bezeichnet. Der Schlüsselindikator zur Bestimmung der Armutsgrenze in den USA ist definiert durch den Teil des Einkommens, der benötigt wird, um ausreichend Nahrungsmittel zu kaufen. Grundlage ist der „Thrifty Food Plan" des Landwirtschaftsministeriums, in dem festgehalten wird, was zu einem genügend nährstoffreichen Essen gehört und wie viel eine Familie einer bestimmten Größe hierfür höchstens ausgeben darf. Nach entsprechenden Berechnungen lag im Jahre 2001 die Armutsgrenze für eine dreiköpfige Familie bei 14 630 Dollar. Fachleute bezweifeln aber, ob dieser Schwellenwert und die zugrunde liegende Berechnung die Situation der Armen in ausreichendem Maße erfasst. Normalerweise geben Familien heute weniger als 20 % ihres Einkommens für Nahrungsmittel aus. Stattdessen sind zum Beispiel die Kosten für Wohnung und Gesundheit in den letzten Jahren enorm gestiegen. So sind viele der Betroffenen heute gezwungen, am Essen zu sparen, um die Miete oder den Arzt zu bezahlen.

M3 Unterschiede nach ethnischer Abstammung: Anteil der Menschen unter der Armutsgrenze 1972–2002 (in %)

Jahr	Gesamt	Weiße	Schwarze	Hispanics
2002	9,6	7,8	21,5	19,7
2000	8,7	7,1	19,3	19,2
1995	10,8	8,5	26,4	27,0
1990	10,7	8,1	29,3	25,0
1985	11,4	9,1	28,7	25,5
1980	10,3	8,0	28,9	23,2
1975	9,7	7,7	27,1	25,1
1972	9,3	7,1	29,0	20,6

U.S. Census Bureau (Armutsstatistiken) – Stand: April 2004
www.census.gov/hhes/www/poverty.html

M4 Armut und Reichtum:
Die USA im internationalen Vergleich

Land	BNE¹ pro Kopf (in US-$)	Gini-Index²	Anteil am Einkommen oder Verbrauch (in %)	
	2002	2003	unterste 10 %	oberste 10 %
Schweiz	37 930	33,1	2,6	25,2
USA	35 060	40,8	1,8	30,5
Dänemark	30 290	24,7	3,6	20,5
Schweden	24 820	25,0	3,7	20,1
Deutschland	22 670	30,0	3,3	23,7
Malaysia	3 540	49,2	1,7	38,4
Brasilien	2 850	60,7	0,7	48,0
Bolivien	900	44,7	1,3	32,0
Burundi	100	42,5	1,8	32,9

¹ Bruttonationaleinkommen, entspricht dem BIP, ² siehe Seite 5
Weltbank (Hrsg.): Weltentwicklungsbericht 2003, S. 287ff. und 2004, S. 290f.

Hilfsmaßnahmen: Sozialhilfe in den USA

↓ „Das 1996 verabschiedete Sozialhilfereformgesetz … ersetzte die bis dahin gültige (Sozial-)Hilfe für Familien durch das so genannte TANF-Programm (Temporary Assistance to Needy Families), was so viel heißt wie ‚zeitweilige Unterstützung bedürftiger Familien'. Das war das Ende der nationalen Verantwortlichkeit für das Sicherheitsnetz der in Armut lebenden Menschen. Den einzelnen Bundesstaaten wurde mehr Spielraum eingeräumt bei der Ausgestaltung ihrer eigenen Programme. Die Bundesregierung stellt dafür … den Bundesstaaten jährliche Pauschalzuweisungen … zur Verfügung. …
Die Bundesstaaten müssen dafür sorgen, dass mindestens die Hälfte ihrer Sozialhilfeempfänger … einer bezahlten Arbeit nachgeht, … . Sozialhilfeleistungen sind jetzt an Arbeit gebunden; die Empfänger müssen entweder arbeiten oder sie verlieren ihre Unterstützung. Die

Zeiten, in denen jemand Unterstützung erhält oder erhielt, werden zusammen gezählt. Über die ganze Lebenszeit verteilt können die Bedürftigen für insgesamt bis zu fünf Jahren Hilfe in Anspruch nehmen. …
Es ist relativ gut gelungen, die Menschen von der Sozialhilfe wegzubringen und sie in den Arbeitsmarkt einzugliedern. Mitte 2001 schätzte das unabhängige Urban Institute, dass ein Drittel der Menschen, die früher Sozialhilfe bekamen, jetzt vollzeitbeschäftigt sind und weitere 16 Prozent einen Halbtagsjob haben. … Wie viel davon auf das Konto der starken Wirtschaft geht und wie viel auf die Arbeitsanreize aus dem Jahr 1996, darüber kann man diskutieren. Die Frage bleibt jedoch, ob die, die arbeiten, auch davon leben können (working poor). …
Die Löhne ehemaliger Sozialhilfeempfänger sind niedrig, im Durchschnitt zwischen sechs und 7,50 Dollar pro Stunde beziehungsweise zwischen 12 000 und 15 000 Dollar pro Jahr. … Die Tendenz geht dahin, ungelernte und schlecht ausgebildete Sozialhilfeempfänger in jede verfügbare Arbeit zu drängen, ohne angemessene Unterstützung wie Kinderbetreuung, medizinische Versorgung und vernünftige Transportmöglichkeiten."
Brot für die Welt (Hrsg.): HungerReport 2002/2003. a.a.O. S. 33ff.

↓ Weitere öffentliche und private Nothilfemaßnahmen in den USA (Auswahl)
– Medicaid: Gesundheitsfürsorgeprogramm der Regierung für Einkommensschwache, die sich keine private Krankenversicherung leisten können
– Food Stamp-Programm: größtes staatliches Nahrungshilfe-Programm
– zusätzliche kleinere staatliche Ernährungsprogramme: z. B. „The Nutrition Program for Elderly", „Special Supplemental Nutrition Program for Women, Infants and Children"
– Kirchliche und private Ernährungsprogramme: Versorgung hungernder Menschen mit einem täglichen Essen auf lokaler und kommunaler Ebene
Nach Brot für die Welt (Hrsg.): HungerReport 2002/2003. a.a.O. S. 40ff.

1 Vergleichen Sie die Situation und Einstellung unseres „Durchschnittsamerikaners" Ken Douglas mit der von Dionne.

2 Erarbeiten Sie aus dem Fallbeispiel der Afroamerikanerin Dionne Ursachen und Folgewirkungen von Armut.

3 Vergleichen Sie die Situation von Dionne mit den allgemeinen Angaben zur Armut in den USA (Informationstext, M2 und M3).

4 Die USA werden in internationalen Statistiken zur Gruppe der „Länder mit hohem Einkommen" gezählt. Überprüfen Sie diese Zuordnung (M4).

5 Diskutieren Sie, ob die Sozialhilfereform in den USA eine Orientierungshilfe für Deutschland sein kann.

5 Ein Globus – zwei Welten

M1 *Globales Wohlstandsgefälle*

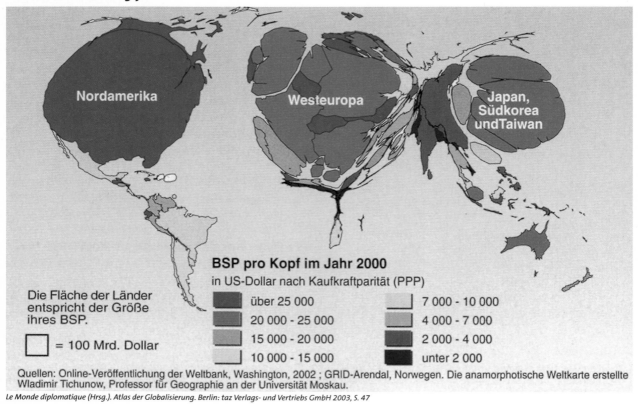

Nordamerika

Westeuropa

Japan, Südkorea und Taiwan

Die Fläche der Länder entspricht der Größe ihres BSP.

☐ = 100 Mrd. Dollar

BSP pro Kopf im Jahr 2000

in US-Dollar nach Kaufkraftparität (PPP)

über 25 000		7 000 - 10 000
20 000 - 25 000		4 000 - 7 000
15 000 - 20 000		2 000 - 4 000
10 000 - 15 000		unter 2 000

Quellen: Online-Veröffentlichung der Weltbank, Washington, 2002 ; GRID-Arendal, Norwegen. Die anamorphotische Weltkarte erstellte Wladimir Tichunow, Professor für Geographie an der Universität Moskau.

Le Monde diplomatique (Hrsg.). Atlas der Globalisierung. Berlin: taz Verlags- und Vertriebs GmbH 2003, S. 47

M2 *Die Skyline wächst und die Elendsviertel wuchern: der Moloch Bombay mit seinen 15 Millionen Einwohnern*

5.1 Die Welt – ein Dorf?

„Wenn die Welt ein Dorf mit nur 100 Einwohnern wäre, ...
wären davon: 14 *Afrikaner*
                   5 *Nordamerikaner*
              12 *Europäer*
               9 *Lateinamerikaner*
    und   60 *Asiaten.*
30 wären Kinder unter 15 Jahre. 7 Dorfbewohner wären
älter als 65. ...
44 Dorfbewohner würden von weniger als 2 Euro pro Tag
leben.
18 Menschen hätten keinen Zugang zu sauberem Trink-
wasser.
Im Durchschnitt bekämen die Frauen 3 Kinder.
Von den 25 Frauen, die zwischen 15 und 49 Jahren alt
wären und in einer Partnerschaft leben, würden 14 eine
Verhütungsmethode anwenden.

Zukunft: Die Zahl der Dorfbewohner würde jährlich um
eine Person steigen. Im Jahre 2050 würden bereits 146
Menschen im Dorf leben: 31 *Afrikaner*
                    7 *Nordamerikaner*
              10 *Europäer*
             13 *Lateinamerikaner*
    und   85 *Asiaten."*

Deutsche Stiftung Weltbevölkerung. Datenreport 2003, S. 3

In dem Dorf würden gegenwärtig sechs Personen fast zwei Drittel des gesamten Reichtums besitzen, 80 Menschen lebten in maroden Häusern, 70 wären Analphabeten. Etwa die Hälfte würde an Unterernährung leiden. Nur zwei Dorfbewohner besäßen einen Computer. Wie gut es Ihnen als dem – doch etwas distanzierten – Leser geht, merken Sie daran, dass Sie heute morgen aufgestanden sind und eher gesund als (chronisch) krank waren. Denn dann haben Sie ein besseres Los gezogen als Millionen anderer Menschen. Wenn Sie noch nie der Gefahr eines Krieges in Ihrem eigenen Land oder der Einsamkeit einer Gefangenschaft ausgesetzt waren, geht es Ihnen wiederum besser als vielen Millionen Menschen in anderen Ländern. Wenn Sie eine Religion ausüben können, ohne Angst haben zu müssen, bedroht, gefoltert oder getötet zu werden, haben Sie mehr Glück als über drei Milliarden Menschen. Wenn Sie Essen im Kühlschrank, Kleider am Leib, ein Dach über dem Kopf und einen Platz zum Schlafen haben, sind Sie reicher als drei Viertel der Menschheit.
Wenn Sie Geld auf der Bank haben, gehören Sie zu den Privilegierten dieser Welt. Wenn Sie von jemandem eine schriftliche Nachricht bekommen, geht es Ihnen doppelt gut: Zum einen, weil jemand an Sie gedacht hat, und zum andern, weil Sie nicht zu den vielen Menschen gehören, die nicht lesen und schreiben können.

Die Beispiele machen deutlich, dass wir zwar alle in einem „globalen Dorf" leben, dass aber eine tiefe Kluft durch diese Dorfgemeinschaft geht. Dem Überfluss in den westlichen Industrie- und Dienstleistungsgesellschaften stehen die entwürdigenden Lebensbedingungen in vielen Ländern der Dritten Welt gegenüber. Aber auch innerhalb dieser beiden „Welten" gibt es Gegensätze zwischen Arm und Reich.
Die globale Ungleichheit der Lebenschancen ist eines der größten sozialen und politischen Probleme unserer Zeit, das eng mit zwei weiteren entscheidenden Lebensfragen zusammenhängt: dem Erhalt einer ökologisch intakten Umwelt und der Friedenssicherung. Dem „reichen Teil der Dorfbewohner" muss bewusst werden, dass die Probleme der Armen auch unsere Probleme sind. Wenn im Überlebenskampf tropische Regenwälder gerodet und die natürliche Vegetation der Tropen großflächig zerstört wird, hat das Auswirkungen auf das globale Klima, werden Pflanzenarten vernichtet, deren Genpotenziale für unsere medizinische Versorgung eines Tages von überlebenswichtiger Bedeutung sein könnten. Wenn Flüchtlinge aus Bürgerkriegsgebieten bei uns um Asyl bitten, haben die Entwicklungsländer ihre Probleme exportiert. Wenn Menschen in Armut und Erniedrigung ihre Zuflucht im religiösen Fundamentalismus suchen, bedroht das massiv unsere Sicherheit.

M3 *Bruttonationaleinkommen (entspricht dem BIP) je Einwohner in den 10 wohlhabendsten und den 10 ärmsten Ländern der Welt 2002, in US-$*

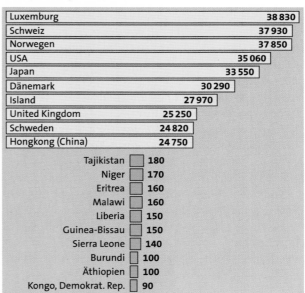

Nach Weltbank (Hrsg.): Weltentwicklungsbericht 2004, S. 280ff.

5.2 Kann man Armut messen?

Noch nie lagen Arm und Reich so weit auseinander wie heute. Diese Aussage gilt sowohl im globalen Vergleich zwischen den einzelnen Staaten als auch innerhalb der Länder. Besonders krass sind die Einkommens- und Vermögensunterschiede in den meisten Gesellschaften der Dritten Welt.

„Die Einkünfte der reichsten 50 Millionen Menschen (1 Prozent der Weltbevölkerung) entsprechen dem gemeinsamen Einkommen der ärmsten 2,7 Milliarden Menschen. Trotz eines bemerkenswerten Aufholprozesses in Ostasien, vor allem in China, geht die Schere tendenziell immer weiter auseinander. Der Abstand zwischen den reichsten 20 Prozent der Weltbevölkerung und den ärmsten 50 Prozent wird immer größer. Die Bezüge eines Spitzenmanagers in einem großen multinationalen Konzern entsprechen dem Lohn von Zehntausenden ungelernter Arbeiter, die derselbe Konzern in armen Ländern beschäftigt.

Ein neues Phänomen ist die ausgeprägte räumliche Konzentration des Reichtums. Das Börsengeschehen konzentriert sich großenteils auf 21 Finanzplätze, die in den entwickelten Ländern liegen. Diese Länder, die nicht nur die Hauptfinanzplätze, sondern auch die Kommunikationsnetze und die wichtigsten Luft- und Seeverkehrswege kontrollieren, zeichnen sich auch durch die höchste Lebenserwartung und die niedrigste Kindersterblichkeit aus. In den Ländern dagegen, die von diesen Entscheidungsprozessen abgeschnitten sind, ballen sich die sozialen Probleme: Insbesondere die Slums und Elendsquartiere am Rande der Großstädte werden infolge der extremen Armut, der unzureichenden Trinkwasserversorgung, der krassen Defizite im Gesundheits- und Bildungswesen zu Brutstätten von Epidemien, zugleich weisen sie eine erhöhte Kindersterblichkeit und Analphabetenquote auf.

Allerdings ist die Unterscheidung zwischen ‚armen‘ und ‚reichen‘ Ländern nur relativ. Denn eine kleine privilegierte Minderheit der ‚armen‘ Länder ist dank der weltweiten Kommunikations- und Verkehrsnetze in der Lage, sich der globalisierten Elite zuzugesellen und auch in deren Geschäfts- und Vergnügungszentren zu verkehren. Auf der anderen Seite hat sich auch in den ‚reichen‘ Ländern eine ausgeprägte soziale Schichtung herausgebildet. Die zahlenmäßig starke Mittelschicht – ein Hauptmerkmal dieser Länder – verfügt über ein breites Spektrum ‚verallgemeinerter‘ Wohlstandsattribute: Erst- und Zweitwohnung, qualifizierte Beschäftigung, Computer und Telefon, eigenes Auto und regelmäßig Nutzung internationaler Verkehrsnetze. Doch an den Rändern der Gesellschaften entstehen Inseln des Elends, die sich durch die Zuwanderung aus benachteiligten Ländern immer mehr ausweiten.“

Le Monde diplomatique. Atlas der Globalisierung. Berlin: taz Verlag- und Vertriebs GmbH 2003, S. 50f.

Der nebenstehende Quellentext versucht, Armut anhand ausgewählter Attribute qualitativ und teilweise auch quantitativ zu erfassen. An der Frage aber, wie Armut exakt zu messen ist, scheiden sich die Geister. Mit welchen Indikatoren lässt sich ein „Armutsindex" berechnen? Wie aussagekräftig ist ein solcher Index?

Die Weltbank zum Beispiel ermittelt für jedes einzelne Land den Prozentsatz der Bevölkerung, die mit weniger als einem bzw. zwei „Kaufkraftparitäten-Dollar" pro Tag auskommen muss. In diesem Konzept wird also versucht, eine internationale Vergleichbarkeit dadurch herzustellen, dass – bezogen auf ein Basisjahr (1985) zur Ausschaltung von Wechselkurseinflüssen – das Einkommen in Beziehung zu landestypischen Preisen für Waren und Dienstleistungen gesetzt wird. Auf diese Weise lassen sich Länder mit hohem, mittlerem und niedrigem Prozentsatz an armer Bevölkerung ausgliedern (M2). Allerdings handelt es sich hier um einen rein ökonomischen Ansatz zur Ermittlung von Einkommensarmut, der völlig außer Acht lässt, ob mit der Verfügbarkeit über ein oder zwei Dollar pro Tag auch die Befriedigung existenzieller Grundbedürfnisse (z. B. Bildung, Gesundheitsvorsorge, Zugang zu Trinkwasser usw.) gedeckt ist. Das ist der Ansatzpunkt für den von den Vereinten Nationen entwickelten „Human Development Index" (HDI), der Indikatoren für „wesentliche Elemente des Lebens" erfasst. Die Einzelindikatoren „Lebenserwartung bei der Geburt", „Alphabetisierungsrate" und „reale Kaufkraft pro Kopf" werden hierbei für jedes Land auf einer Skala von 0 bis 1 ermittelt, wobei 0 und 1 für feste Mindest- bzw. Höchstwerte stehen. Das rechnerische Mittel aus den drei Einzelwerten ergibt den HDI. Er wird von den Vereinten Nationen jährlich im „Human Development Report (Bericht über die menschliche Entwicklung)" veröffentlicht. Dadurch wird es möglich, den Entwicklungsstand und die soziale Situation der Länder über einen längeren Zeitraum zu vergleichen (M1).

Wegen des Vorwurfs, der HDI berücksichtige nicht die Menschenrechtssituation und die Lage bestimmter Bevölkerungsgruppen (z. B. Frauen) in einzelnen Ländern und er gebe auch keine Auskunft über regionale Unterschiede, wurde und wird der HDI immer mehr verfeinert. So veröffentlicht der „Human Development Report" inzwischen zusätzlich einen Index nach geschlechtsspezifischen Kriterien („Gender Empowerment Measure" – GEM), der für alle Länder die Beteiligung der Frauen am politischen und wirtschaftlichen Leben misst.

Bereits 1997 wurde von den Vereinten Nationen der „Human Poverty Index" entwickelt. Er kombiniert den Anteil der Menschen mit einer Lebenserwartung unter 40 Jahren, den prozentualen Anteil der erwachsenen Analphabeten und die Grundversorgung (Zugang zu Gesundheitsdiensten, sauberem Trinkwasser; Anteil der unterernährten Kinder unter 5 Jahren).

M1 Entwicklungsstand der Länder nach dem Human Development Index (HDI), 2002

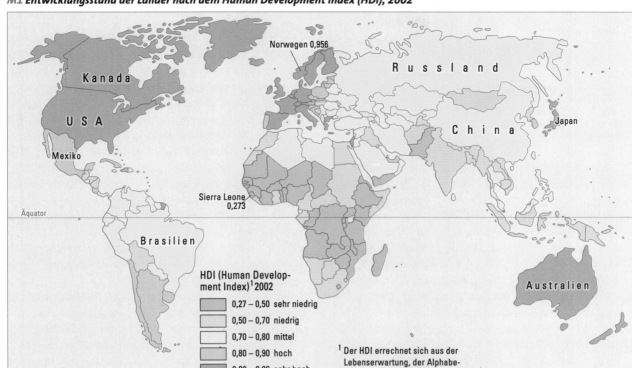

Nach Deutsche Gesellschaft für die Vereinten Nationen (Hrsg.): Bericht über die menschliche Entwicklung 2004, S. 177ff

M2 Armutsgrenzen und Entwicklungsstand ausgewählter Länder 2002

Land	Bevölkerungsanteil in %		Internationale Position	
	weniger als 1 $/Tag	weniger als 2 $/Tag	nach dem HDI (177 Länder)	nach dem BSP/Kopf (177 Länder)
Mali	72,8	90,6	174	163
Zentralafrik. Republik	66,6	84,0	169	154
Sambia	63,7	87,4	164	167
Sierra Leone	57,0	74,5	177	176
Ghana	44,8	78,5	131	128
Indien	39,7	79,9	127	117
Lesotho	36,9	56,1	145	121
Honduras	23,8	29,9	115	118
Ecuador	17,7	40,8	100	111
China	16,6	46,7	94	99
Brasilien	8,2	22,9	72	63
Russ. Föderation	7,1	25,1	57	60

DGVN (Hrsg.): Bericht über die menschliche Entwicklung 2004, S. 177ff.

1 Beurteilen Sie die vorgestellten Methoden zur Messung von Armut.

2 Nennen Sie – unter Angabe einer Maßeinheit – weitere Indikatoren zur Messung von Armut.

3 Vergleichen Sie für die in M2 dargestellten Länder die Einkommensarmut mit dem jeweiligen Human Development Index (M1).

4 Informieren Sie sich im Rahmen einer Internet-Recherche über weitere Konzepte zur Beschreibung und Messung von Armut. Einen Ansatz bietet die folgende Web-Adresse: http://www.gtz.de/forum_armut/download/bibliothek/konzind.pdf

5 Vergleichen Sie anhand von M3, S. 6 und M2, S. 18 Erscheinungsformen von Armut in unterschiedlichen Regionen.

6 Ursachen von Armut in den Entwicklungsländern

M1 Ursachenraster

endogen (intern, national)		exogen (extern, international)	
physisch-geographische Faktoren (Naturraum)	sozio-ökonomische Faktoren (Kulturraum)	historisch-politische Faktoren (z.B. Kolonialismus)	Strukturen der Weltwirtschaft und des Welthandels

Die Ursachen für Armut sind sehr vielschichtig und von Region zu Region sehr unterschiedlich. Häufig sind sie mit ihren Auswirkungen in dem Sinne gekoppelt, dass Entstehungsbedingungen gleichzeitig auch Folgen von Armut sein können. Das hohe Bevölkerungswachstum zum Beispiel ist in vielen Ländern der Dritten Welt auf das Bedürfnis der am Rande oder unterhalb der Existenzgrenze lebenden Unterschichten nach sozialer Absicherung durch mitarbeitende Kinder zurückzuführen, gleichzeitig verschärft es aber das Armutsproblem. Zu unterscheiden sind endogene und exogene Ursachen von Armut (M1), wobei neben dem Bevölkerungsproblem weitere wesentliche Ursachenkomplexe zu nennen sind:

- verheerende Epidemien und Seuchen wie zum Beispiel Aids, deren rasche Ausbreitung vor allem in Afrika sowohl Ursache als auch Folge von Armut ist,
- Bürgerkriege als Folge politischer Instabilität, großer gesellschaftlicher Unterschiede zwischen Arm und Reich oder ethnischer Konflikte,
- Naturkatastrophen und Umweltzerstörungen,
- ungerechte Bodenbesitzstrukturen mit zunehmender Konzentration von landwirtschaftlichen Nutzflächen bei Agrobusiness-Betrieben und gleichzeitige Boden- sowie Ressourcenarmut von Kleinbauern,
- Fehlen staatlicher Unterstützungsmaßnahmen für kleinbäuerliche Subsistenzbetriebe, Pächter oder Landlose (z.B. Hilfe bei genossenschaftlicher Organisation, Krediten, Ausbau von Infrastruktur im ländlichen Raum),
- Versagen der staatlichen Versorgung in den Bereichen Gesundheit und Bildung,
- starre hierarchische Sozialordnungen (z.B. Feudalstrukturen im Agrarsektor Lateinamerikas, Kastenwesen in Indien),
- Ausschluss großer (ländlicher) Bevölkerungsgruppen von Modernisierungsmaßnahmen (z.B. „Grüne Revolution") und politischer Mitbestimmung durch die einheimischen Eliten,
- zu geringe Arbeitsplatzangebote im sekundären Sektor und damit zu geringe Kaufkraft (Hunger in einer Region ist z.B. selten eine Folge zu geringer Nahrungsmittelproduktion, sondern eher das Resultat von Armut),
- Behinderung von Agrar- und Rohstoffexporten durch protektionistische Maßnahmen der großen Welthandelsmächte „im Norden" (USA, EU) sowie zu niedrige und zudem stark schwankende Preise auf den Rohstoffmärkten; damit stark eingeschränkte Möglichkeiten für die Länder der Dritten Welt, Devisen für inländische Investitionen zu erwirtschaften,
- hohe Schuldendienstverpflichtungen (Zinsen, Tilgung) für viele Länder der Dritten Welt mit dem Zwang zu Haushaltseinsparungen häufig zu Lasten der ärmsten Bevölkerungsschichten,
- trotz Devisenknappheit und Schulden teilweise enorm hohe Rüstungsimporte, gefördert z.B. durch Kreditzusagen aus den Exportländern; dadurch Fehlen von Haushaltmitteln für Entwicklungsinvestitionen und Sozialausgaben,
- unangepasste Hilfslieferungen (z.B. Nahrungsmittel, Gebrauchttextilien) oder Niedrigpreise für Agrarexporte aus Industrieländern; dadurch Gefährdung oder sogar Vernichtung einheimischer Produzenten,
- kaum Zugang der armen Bevölkerung zu (Kleinst-)Krediten, dadurch kaum Chancen für existenzverbessernde Investitionen.

„Armut ist eine Bedrohung für uns alle, für die politische, wirtschaftliche und ökologische Stabilität in der Welt. Ihre Bekämpfung liegt auch in unserem eigenen Interesse: Wegen ihres engen inneren Zusammenhanges und ihrer Wechselwirkung mit der Bevölkerungsexplosion in den Entwicklungsländern, der Zerstörung der natürlichen Lebensgrundlagen, der existenziellen Bedrohung durch Hunger und Wassermangel und der durch diese Phänomene verursachten Wanderungsbewegungen ist die Massenarmut zur Überlebensfrage für uns alle geworden.
Fatal sind insbesondere die Wechselwirkungen der Armut: Armut bedeutet Bevölkerungswachstum. Bevölkerungswachstum bedroht die Umwelt. Die Umweltzerstörung macht die Menschen noch ärmer. Armut führt zur Gewalt: Sie ist oft die tiefer liegende Ursache von bewaffneten Auseinandersetzungen um Land, um Nahrung, um das bloße Überleben. Damit führt Armut zur Flucht: Die Menschen fliehen vor der Armut auf der Suche nach einem besseren Leben, oder sie fliehen vor den lebensbedrohenden Konflikten, denen sie sich hilflos ausgesetzt sehen."

C.-D. Spranger: Der Schwerpunkt der Armutsbekämpfung in der deutschen Entwicklungszusammenarbeit. In: W. Pinger (Hrsg.): Armutsbekämpfung. Bad Honnef: Horlemann 1998. S. 35

M2 ***Kriegsschauplätze 2003***

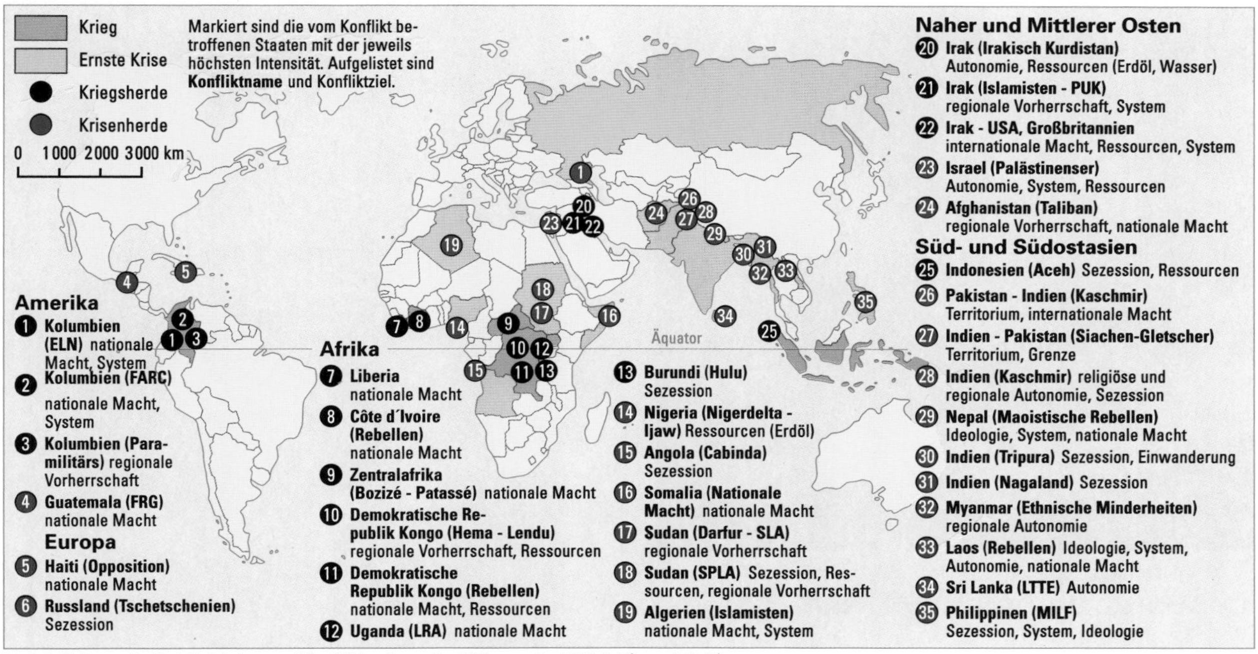
Krieg
Ernste Krise
Kriegsherde
Krisenherde
0 1000 2000 3000 km
Markiert sind die vom Konflikt betroffenen Staaten mit der jeweils höchsten Intensität. Aufgelistet sind Konfliktname und Konfliktziel.
Äquator
Amerika
1 Kolumbien (ELN) nationale Macht, System
2 Kolumbien (FARC) nationale Macht, System
3 Kolumbien (Paramilitärs) regionale Vorherrschaft
4 Guatemala (FRG) nationale Macht
Europa
5 Haiti (Opposition) nationale Macht
6 Russland (Tschetschenien) Sezession
Afrika
7 Liberia nationale Macht
8 Côte d'Ivoire (Rebellen) nationale Macht
9 Zentralafrika (Bozizé - Patassé) nationale Macht
10 Demokratische Republik Kongo (Hema - Lendu) regionale Vorherrschaft, Ressourcen
11 Demokratische Republik Kongo (Rebellen) nationale Macht, Ressourcen
12 Uganda (LRA) nationale Macht
13 Burundi (Hulu) Sezession
14 Nigeria (Nigerdelta - Ijaw) Ressourcen (Erdöl)
15 Angola (Cabinda) Sezession
16 Somalia (Nationale Macht) nationale Macht
17 Sudan (Darfur - SLA) regionale Vorherrschaft
18 Sudan (SPLA) Sezession, Ressourcen, regionale Vorherrschaft
19 Algerien (Islamisten) nationale Macht, System
Naher und Mittlerer Osten
20 Irak (Irakisch Kurdistan) Autonomie, Ressourcen (Erdöl, Wasser)
21 Irak (Islamisten - PUK) regionale Vorherrschaft, System
22 Irak - USA, Großbritannien internationale Macht, Ressourcen, System
23 Israel (Palästinenser) Autonomie, System, Ressourcen
24 Afghanistan (Taliban) regionale Vorherrschaft, nationale Macht
Süd- und Südostasien
25 Indonesien (Aceh) Sezession, Ressourcen
26 Pakistan - Indien (Kaschmir) Territorium, internationale Macht
27 Indien - Pakistan (Siachen-Gletscher) Territorium, Grenze
28 Indien (Kaschmir) religiöse und regionale Autonomie, Sezession
29 Nepal (Maoistische Rebellen) Ideologie, System, nationale Macht
30 Indien (Tripura) Sezession, Einwanderung
31 Indien (Nagaland) Sezession
32 Myanmar (Ethnische Minderheiten) regionale Autonomie
33 Laos (Rebellen) Ideologie, System, Autonomie, nationale Macht
34 Sri Lanka (LTTE) Autonomie
35 Philippinen (MILF) Sezession, System, Ideologie

Nach Heidelberger Institut für Friedens- und Konfliktforschung: Konfliktbarometer 2003, S. 4 (www.hiik.de)

6.1 Kriege als Ursache von Armut

Seit dem Ende des Zweiten Weltkriegs wurden weltweit bereits wieder über 220 Kriege geführt. Die meisten davon fanden oder finden in Ländern der Dritten Welt statt, vor allem in Asien, Afrika, im Vorderen und Mittleren Orient. Die Mehrzahl dieser bewaffneten Konflikte waren Bürgerkriege.

Mit der Entkolonialisierung waren Staaten entstanden, die häufig zu schwach sind, den sozialen Sprengstoff zu entschärfen, der sich innerhalb der Landesgrenzen aus hohem Bevölkerungswachstum, ethnischen und religiösen Spannungen, krassen gesellschaftlichen Unterschieden zwischen Arm und Reich, weltwirtschaftlichen Benachteiligungen sowie Gefährdungen der natürlichen Lebensgrundlagen ergibt. Dem staatlichen Machtapparat – häufig beherrscht von korrupten Eliten – gelingt es nicht, das staatliche Gewaltmonopol nachhaltig in allen Landesteilen durchzusetzen und Kernaufgaben wie die öffentliche Sicherheit oder die soziale Grundversorgung zu gewährleisten. Die Folgen sind immer wieder aufflackernde Hungerrevolten verarmter Bevölkerungsgruppen, eine generelle Neigung zur gewalttätigen Austragung gesellschaftlicher Konflikte und das Entstehen rivalisierender Banden unter der Führung lokaler oder regionaler „Warlords". Opfer dieser Bürgerkriege ist zum überwiegenden Teil die Zivilbevölkerung, die unter Raub, Plünderungen, Vergewaltigungen, Versklavung zu leiden hat. Besonders betroffen sind die Schwächsten und ohnehin Benachteiligten in diesen Gesellschaften, also Kinder, Frauen und Alte. Die Folgen sind Flüchtlingsströme, Elendslager, weitere Verarmung und Hunger.

Fallbeispiel: Bürgerkrieg im Sudan

↓ *„Seit 1956, als der Sudan aus der vormals britischen Kolonialverwaltung als souveräner Staat hervorging, kämpft der sich ethnisch wie religiös vom arabisch-islamischen Norden unterscheidende Süden des Landes nahezu ununterbrochen ... um staatliche Eigenständigkeit. Der jahrzehntelange Bürgerkrieg der mehrheitlich animistischen und zum Teil christlichen Bewohner des schwarzafrikanisch geprägten Südens gegen das politische und militärische Machtzentrum in Khartum basiert auf verschiedenen Ursachen:*

- *auf der ungleichen Machtverteilung*
- *auf den wirtschaftlichen Interessen des mächtigeren Nordens an den reichen Erz- und Ölvorkommen des Südens (Region Bahr el Ghazal) ...*

Die Zahl der Opfer dieses ... Bürgerkrieges wird auf etwa 1,5 Mio. Menschen beziffert. In dieser Auseinandersetzung gehen die Regierungstruppen Khartums nicht nur gegen die Rebellen, sondern auch massiv gegen die Zivilbevölkerung des Südens vor. Dabei schrecken sie nicht davor zurück, ‚Hunger als Waffe' einzusetzen, ... indem Nahrungsmittellieferungen internationaler Hilfsorganisationen durch das sudanesische Militär verhindert werden. Hinzu kommt, dass durch die kriegsbedingte Verminung von ehemaligen landwirtschaftlichen Nutzflächen, die Zerstörung der Ernten sowie von Vorräten und Saatgut die Nahrungsmittelproduktion ... stark eingeschränkt wird. ... Im Sudan trägt der Bürgerkrieg unter den verschiedenen Ursachen sicher am stärksten zur Verarmung und zum Hunger im Süden des Landes bei."

Thomas Hoffmann: Hunger im Sudan. In: Praxis Geographie, Heft 12/1999, S. 28

M1 Aidskranker in Afrika

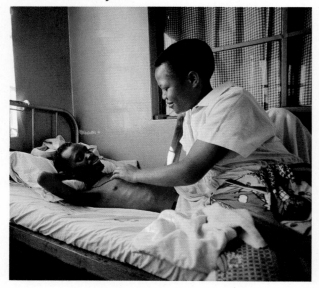

M2 Aids-Bilanz 2003

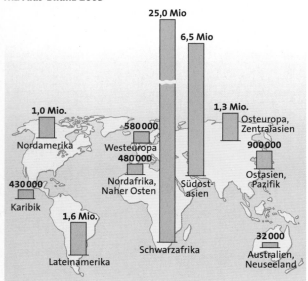

Nach http://portale.web.de/Wissenschaft/?msg_id=5079702&show=img

6.2 Armut und Aids in Afrika

Obwohl in Russland, China und Indien gegenwärtig die Zahl der HIV-Infektionen regelrecht „explodiert" und sich somit der Schwerpunkt der Aids-Epidemie in den nächsten 25 Jahren nach Eurasien verlagern wird, hat bis heute Aids nirgendwo tiefere Spuren hinterlassen als in Afrika. Ein Hauptproblem bei der Vorbeugung und Behandlung besteht darin, dass sich die meisten Bewohner der armen Länder keinen sicheren Sex mit Präservativen leisten und auch nicht die finanziellen Mittel für eine Behandlung aufbringen können.

↓ *„Zwei Jahrzehnte, nachdem sich Aids als eine der großen Bedrohungen für das menschliche Leben erwiesen hat, ist die Krankheit in Afrika zu einer der häufigsten Todesursachen geworden. Die verheerende Epidemie fordert ebenso viele Todesopfer wie die Kriege, Hungersnöte und Naturkatastrophen, die den Kontinent heimsuchen. Die Beseitigung der Armut gilt als entscheidende Voraussetzung für die erfolgreiche Bekämpfung von HIV und Aids. Aids ist vor allem im subsaharischen Afrika eine gewaltige Herausforderung im Kampf um das Überleben. ... Zu Beginn der 1990er-Jahre schätzte man, dass 2001 neun Millionen Afrikaner mit dem menschlichen Immunschwäche-Virus (HIV) infiziert und fünf Millionen an Aids sterben würden. Die Realität sieht weitaus schlimmer aus, die Zahlen liegen dreimal so hoch: Weltweit waren 2002 etwa 42 Millionen Menschen mit dem HI-Virus infiziert, 29,4 Millionen von ihnen leben in Afrika. ... Die Lebenserwartung in Botswana, Swasiland oder Simbabwe wird 2005 um 24 bis 33 Jahre niedriger liegen, als es in einem Szenario ohne den Faktor Aids der Fall wäre.*

Die Krankheit trifft nicht nur die Erwachsenen. Von den 1,3 Millionen aidskranken Kindern lebt alleine eine Million in Afrika, dasselbe gilt für 95 Prozent der 13 Millionen Waisen, deren Eltern dem Virus erlegen sind. Zwei Drittel der Frauen, die sich in der Schwangerschaft mit Aids infizieren, sind Afrikanerinnen.

Noch erschreckender als dieses Gesamtbild stellt sich die Lage in einzelnen Ländern dar. In 16 afrikanischen Staaten ist zumindest jeder zehnte, in 7 Staaten zumindest jeder fünfte Erwachsene HIV-infiziert, in Botswana z. B. sind es mehr als 35 Prozent der erwachsenen Bevölkerung. In Abidjan (Elfenbeinküste) ist Aids bei Erwachsenen die häufigste Todesursache. Einen traurigen Rekord hält Südafrika: Das Land weist mit 5 Millionen die weltweit höchste Zahl an HIV-Infizierten auf.

Aids und Armut bedingen und verstärken sich gegenseitig. Die Massenarmut ist vor allem eine Folge der wirtschaftlichen und gesellschaftlichen Unterentwicklung. Aber auch die erzielten Fortschritte werden in den am stärksten betroffenen Ländern durch HIV teilweise wieder zunichte gemacht. Die Krankheit drückt Afrika immer tiefer in eine beispiellose Entwicklungskrise, wobei die große Armut, die mit Unterentwicklung einhergeht, wiederum die weite Verbreitung von Aids begünstigt.

Die Epidemie raubt dem Kontinent seine produktivsten Arbeitskräfte (die 15- bis 49-Jährigen). Millionen Kinder werden zu Waisen, die keine Aussicht auf Unterricht und Ausbildung haben. Staatliche wie private Gelder müssen für die medizinische Versorgung der Überlebenden und für die Beerdigung der Toten aufgewendet werden, was die Spar- und Investitionsquote drastisch verringert. Auf mikroökonomischer Ebene wird die Ertragskraft der Unternehmen stark beeinträchtigt, weil viele Arbeitnehmer – und damit auch Konsumenten – erkranken oder sterben.

Diercke
aktuell

Ausgabe 2/2008

Beilage zur Praxis Geographie
4/2008

Anpassungsprozesse in der globalen Automobilindustrie

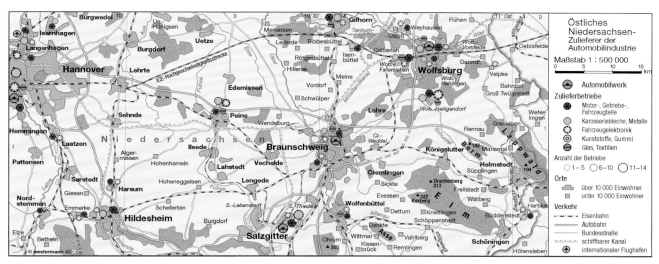

Diercke Weltatlas, 1. Auflage 2008, S. 33, Karte 2 (verkleinert)

Das Beispiel Volkswagen

Die Entwicklung des Volkswagenkonzerns zum „global player" begann im Zuge der Wiederaufnahme der Kfz-Produktion im Wolfsburger Werk in der Nachkriegszeit. Innerhalb weniger Jahrzehnte konnte sich das Unternehmen durch Erfolgsmodelle wie den VW-Käfer und den VW-Golf zu einem weltweit erfolgreichen Unternehmen entwickeln. Die relativ strukturschwache Region Südöstliches Niedersachsen profitierte von diesem Aufstieg: Die jährlichen Produktionssteigerungen führten über einen langen Zeitraum zu einem stetigen Anstieg der Beschäftigtenzahlen bei VW.

Um im heutigen globalen Wettbewerb bestehen zu können, haben sich in der Ausrichtung der Unternehmensstrategien seit dem VW-Käfer wesentliche Veränderungen ergeben. Diese zeigen sich heute in raumwirksamen regionalen und globalen Strukturveränderungen. In diesem Zusammenhang sind zwei Merkmale besonders hervorzuheben: Der Wandel der Fertigungsstrukturen durch die Auslagerung von Produktionsschritten und der Aufbau von Zuliefernetzwerken sowie die Verlagerung bzw. der Neuaufbau von überwiegend ausländischen Produktionsstandorten. Anhand des Karten- und Textmaterials sollen die Schüler exemplarisch Gründe und Folgen der globalen Anpassungsstrategien erarbeiten.

Schlüsselbranche Zulieferindustrie

Für die Produktion eines VW-Golf müssen im Wolfsburger Werk ca. 5 000 Einzelteile zusammengesetzt werden. Die hierfür benötigten Bauteile und Komponenten werden zum großen Teil von einem Zuliefernetzwerk bereitgestellt. VW arbeitet heute mit 300 direkten Lieferanten zusammen. Diese haben wiederum hunderte von Unterlieferanten. In der Region Östliches Niedersachsen sind schätzungsweise 15 000 bis 20 000 Menschen in Betrieben der Automobilzuliefer-Industrie beschäftigt, die größtenteils das VW-Werk in Wolfsburg beliefern. Laut Fraunhofer-Institut hat die gesamte Automobilzuliefer-Industrie in Deutschland rund eine Million Beschäftigte. Von den Endherstellern wie VW oder BMW werden lediglich 22 Prozent der Wertschöpfung in der deutschen Automobilindustrie erwirtschaftet, während 78 Prozent auf die Zulieferindustrie entfallen. Die Zahlen belegen, dass Endhersteller wie Volkswagen durch die Auslagerung von bestimmten Produktionsschritten („Outsourcing") das Risiko für die Entwicklung und Produktion von Bauteilen bzw. Komponenten immer häufiger an Fremdfirmen übertragen. Auf die Zulieferer kann so von Seiten der Automobilkonzerne ein Preisdruck ausgeübt werden, da diese abhängig von den Vorgaben der Endhersteller sind. Durch die Konkurrenz verschiedener Lieferanten um Aufträge wird dieser Prozess noch verstärkt. Einen wesentlichen Vorteil verschaffen sich die Zulieferer durch die Ansiedlung im näheren Umfeld der Automobilwerke, da die Anlieferung der komplett vorgefertigten Baugruppen wie Cockpit oder Antrieb „just-in-time" erfolgt. Die Montagebänder werden also direkt ohne Zwischenlagerung und zum Teil stündlich beliefert. Bei dieser Produktionsweise besteht jedoch die Gefahr, dass die Endmontage durch Lieferengpässe zeitweise ins Stocken geraten kann. Bei den kurzen Transportwegen und bei optimaler logistischer Aufstellung können aber generell erhebliche Kosten gespart werden.

Die räumliche Konzentration bietet zudem Fühlungsvorteile für Zulieferer wie auch für alle Akteure der Automobilindustrie, wodurch die gesamte Region langfristig profitieren kann: Durch ein enges Beziehungsnetzwerk zwischen Endherstellern, Zulieferern und weiteren „Vorleistern" unterschiedlichster Branchen wie Kunststofferzeugung, Maschinenbau oder IT-Industrie ist in der Region Östliches Niedersachsen ein Cluster der Automobilindustrie entstanden. Dieses nimmt hinsichtlich der Wirtschafts- und Innovationskraft im globalen Wettbewerb eine starke Position ein. Besonders durch die Versorgung der verschiedenen Branchen mit Fachkräften durch die fachspezifische Ausbildung an den mit der Automobilindustrie kooperierenden Hoch- und Fachhochschulen der Region (z. B. TU Braunschweig oder FH Braunschweig/Wolfenbüttel) wird diese Position zusätzlich gefestigt.

Zukunftsperspektiven für die Automobilzulieferindustrie

„Der globale Wettbewerb, der Kosten- und Preisdruck der Hersteller, der Anstieg der Material- und Energiepreise bis hin zum Verhalten von Banken und Finanzinvestoren üben enormen Druck auf die Automobilzulieferindustrie aus. Das führt zu einem beschleunigten Konzentrationsprozess und einer Verlangsamung des Innovationstempos. Fehlende Finanzmittel und die im Vergleich zu anderen Branchen unterdurchschnittliche Eigenkapital- und Liquiditätsausstattung begrenzen die Ausschöpfung von Wachstumschancen der Zulieferer. Aufgrund der restriktiveren Kreditpolitik der Banken und der abnehmenden Bereitschaft, Risikokapital für Innovationen bereitzustellen, bleiben Zukunftsinvestitionen aus. Die Branche steht deshalb vor einem Widerspruch: Auf der einen Seite bestehen in den nächsten Jahren bei technologiegetriebenen neuen Modulen und Komponenten die größten Wachstumschancen für die deutsche und europäische Autozulieferindustrie, die es je gab. Auf der anderen Seite fehlen oft die finanziellen Ressourcen, um an diesem Wachstum teilhaben zu können. Wir brauchen eine Initiative, um die Innovationsfähigkeit der deutschen Zulieferindustrie zu stärken. Nur so lassen sich neue Wachstums- und Beschäftigungschancen erschließen. Um die Innovationsbarrieren zu überwinden und um die Innovationsfähigkeit dieser Branche deutlich zu verbessern, müssen alle Akteure ihren Beitrag leisten.
nach: Gemeinsame Erklärung von IG Metall und IG BCE zur Zukunft der Autozulieferindustrie. Berlin 2007; gekürzt

Aufgaben
1. Beschreibe die Lage der Zulieferbetriebe im östlichen Niedersachsen.
2. Begründe die starke Konzentration von verschiedenen Betrieben der Automobilbranche in dieser Region.
3. Benenne Vor- und Nachteile des „Outsourcing" für Zulieferer und Endhersteller.
4. Bewerte den Stellenwert des Automobil-Clusters „Östliches Niedersachsen" hinsichtlich der globalen Wettbewerbsfähigkeit.
5. Nimm Stellung zu den Zukunftschancen der Zulieferindustrie.

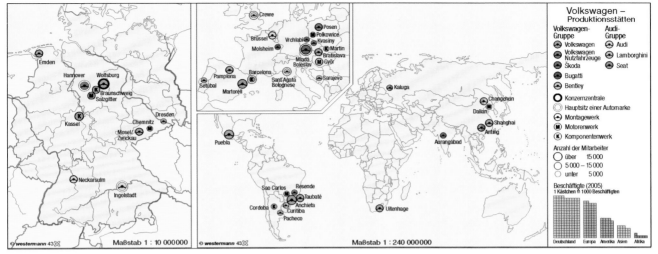

Diercke Weltatlas, 1. Auflage 2008, S. 33, Karte 3 (verkleinert)

Volkswagen – Produktionsstätten

Den verschiedenen Produktionsstätten der Volkswa-
gen- und Audi-Gruppe sind jeweils spezifische Produktionsaufgaben zugeordnet. Diese übernehmen die
Herstellung von gesamten Baugruppen, die dann für
die Endmontage bereitgestellt werden. Im Rahmen
eines Fertigungsverbundes bestehen somit innerbe-
triebliche Verflechtungen zwischen den einzelnen Produktionsstandorten. Die Gliederung der ausländischen
Standorte nach spezifischen Produktionsaufgaben
zeigt eine ähnliche Differenzierung. Die Kooperation
erfolgt überwiegend innerhalb der Fertigungsver-
bunde Deutschland, Europa, Nord- bzw. Südamerika/
Südafrika und Asien/Pazifik.

Produktionsgliederung im Fertigungs-
verbund – Beispiel Deutschland

Werk Emden: Passat, Passat Variant
Werk Wolfsburg: Golf, Golf Plus, Touran, Komponenten,
Presswerk, Sitztechnik
Werk Hannover: T5, LT2, Gießerei (Zylinderkopf)
Werk Braunschweig: Fahrwerkskomponenten
Werk Salzgitter: Motoren
Werk Kassel: Getriebe, Gießerei, Original Teile Center
Gläserne Manufaktur Dresden: VW Phaeton, Bentley
Werk Chemnitz: Motoren
Werk Mosel/Zwickau: Golf/Passat
Werk Neckarsulm: Audi A6, Audi A6 Avant, Audi All-
road, Audi A8, Audi R8
Werk Ingolstadt: Audi A3, Audi A3 Sportback, Audi A4,
Audi A4 Avant, Motorkomponenten

Brüssel:
VW-Werk wird von Audi weitergeführt

VW hatte im Herbst 2006 seine langjährige Golf-Pro-
duktion aus Brüssel abgezogen und damit eine Krise
ausgelöst. Entlassungen und lange Streiks waren die
Folge. Audi soll das vorübergehend von Schließung
bedrohte Werk nun verkleinert weiterführen. VW-
Konzernchef Martin Winterkorn sagte der Deutschen
Presse-Agentur: „Wir stehen zum Standort Brüssel. Wir
haben ein Rationalisierungsprogramm durchgezogen.
Wir werden zukünftig 2 200 Mitarbeiter, nicht mehr
5 400 beschäftigen." Bevor dort der neue Audi A1 ab
Ende 2009 produziert werden soll, baut Audi in Brüssel
das Erfolgsmodell A3 und weiterhin VW-Fahrzeuge
wie den Polo. Winterkorn will mit der zusätzlichen
A3-Produktion das Ingolstädter Stammwerk entlasten.
„Wir werden versuchen, die A3-Kunden so zu beliefern, wie es richtig ist, mit maximalen Wartezeiten von
einem bis zwei Monaten", sagte er. Derzeit seien es
mehr, räumte er ein.
Winterkorn sagte weiter, mit dem Rationalisierungsprogramm werde Brüssel „sehr produktiv". Um das
Werk zu retten, hatten Audi und die belgischen Gewerkschaften sich auf die Senkung der Arbeitskosten
um 20 Prozent bis 2009 verständigt. Damit verbunden
ist eine Arbeitsplatzgarantie bis 2010 für die um über
die Hälfte geschrumpfte Belegschaft. Das Unternehmen strebt zudem an, die wöchentliche Arbeitszeit
von 35 auf 38 Stunden anzuheben. Die Vereinbarung
sieht auch vor, dass in diesem und im kommenden
Jahr in Brüssel jeweils 84 000 Fahrzeuge gebaut werden. 2006 waren es noch 179 000 gewesen, 2000 lag

die Zahl bei 284 000. Der belgische Premierminister Guy Verhofstadt war mit dem Ergebnis insgesamt zufrieden und sagte: „Das ist der Beweis, dass die Autoindustrie in Belgien eine Zukunft hat."

nach: www.spiegel.de vom 30. 05. 2007; gekürzt und verändert

25 Jahre Volkswagen in China

Bereits vor 25 Jahren begann Volkswagen mit dem stufenweisen Aufbau von Produktionsstandorten im wichtigsten Zukunftsmarkt in Fernost. Die in diesem Zuge gegründeten Jointventures Volkswagen Shanghai und FAW-Volkswagen sichern heute mit über 700 000 produzierten Fahrzeugen die Marktführerschaft des Volkswagen Konzerns in China. Die Erschließung neuer Absatzmärkte stand im Mittelpunkt der Unternehmenspolitik der Volkswagenwerk AG in den 1980er Jahren. Während der Export in die Industrieländer Westeuropas stagnierte, eröffneten sich neue Chancen in Asien. Insbesondere die Volksrepublik China mit ihren ungeheuren Ressourcen, dem nur geringen Motorisierungsgrad und der sich erst im Aufbau befindlichen Automobilindustrie bot hervorragende Zukunftsoptionen. Die Regierung in Peking gab in der chinesischen Planwirtschaft die Eckpunkte möglicher Kooperationen vor. Sie setzte mit Blick auf das ingeniöse Know-how und die Finanzkraft des Wolfsburger Herstellers auf Jointventures mit dem westlichen Investor. Der geschlossene Probemontagevertrag schuf die Basis für die deutsch-chinesische Erfolgsgeschichte, die mit der Gründung der „Shanghai Volkswagen Automotive Company, Ltd." (SVW) am 16. Februar 1985 den ersten Meilenstein erreichte. Bereits am 1. September 1985 rollte mit dem Santana der erste in China montierte Volkswagen vom Band, dessen großer Erfolg die Entwicklung von Werk und Unternehmen beflügelte.

1991 war die erste Phase der Etablierung eines modernen Produktionsstandortes in Shanghai abgeschlossen. Durch die Vielzahl der vor Ort produzierten Komponenten galt der Santana nun nicht mehr als Importwagen, sondern als Volkswagen „Made in China". Damit unterlag der Absatz dieses Volumenmodells keinen Importbeschränkungen mehr und schoss rasch in die Höhe. Die so erreichte Marktführerschaft sicherte Volkswagen am 6. Februar 1991 durch die Gründung eines weiteren Jointventures ab. Bei der „FAW-Volkswagen Automotive Company, Ltd." (FAW) in Changchun entstand ein neuer Standort mit einer anfänglichen Jahreskapazität von 150 000 Fahrzeugen, in dem Ende 1993 die Fertigung des Volkswagen Jetta aufgenommen wurde. Die steigenden Verkaufszahlen belohnten die vorausschauende Investitionspolitik des größten europäischen Automobilherstellers: Wurden 1990 noch 33 851 Fahrzeuge in China abgesetzt, verzehnfachten sich die Auslieferungen bis zum Jahr 2000. In den letzten drei Jahren sah sich Volkswagen einer wachsenden Anzahl ausländischer Hersteller gegenüber, die auf den chinesischen Markt drängten. Volkswagen reagierte auf den Konkurrenzdruck mit der Einführung neuer attraktiver Modelle. Durch die Förderung der lokalen Zulieferindustrie sowie die verstärkte Integration der chinesischen Jointventures in den VW-Beschaffungsverbund konnten positive Synergieeffekte erreicht und damit Kostenvorteile realisiert werden. Damit festigte Volkswagen im vergangenen Jahr mit 711 186 verkauften Fahrzeugen seine Position. Denn eines ist klar: Zur Zukunft des Mehrmarkenkonzerns aus Wolfsburg trägt heute wesentlich auch China bei, der nach Deutschland zweitwichtigste Markt.

nach: volkswagen media services, 08. 06. 2007; gekürzt

Aufgaben

1. Erkläre, was unter einem Fertigungsverbund verstanden wird.
2. Beschreibe Strategien des Volkswagen-Konzerns an Standorten in Westeuropa und Asien, um die globale Wettbewerbsfähigkeit zu sichern.

Impressum
Autor: Timo Frambach, Lüneburg
Redaktion: Peter Just
Beilage zur Praxis Geographie 4/2008
www.praxisgeographie.de / www.diercke.de / www.westermann.de

938.289

westermann ®

Heft 3/September 2007

Eine Welt in der Schule

Unterrichtsanregungen für die Grundschule und Sekundarstufe I

Süßer Zucker – Bitterer Zucker

»Fair-Führung im Regenwald«

Die Welt rückt zusammen

Die große Schatzkiste...

Projekt des Grundschulverbandes – Arbeitskreis Grundschule e.V.

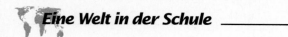

Süßer Zucker – Bitterer Zucker

Projektwoche in einer 6. Realschulklasse

Sabine Brünjes

Im Februar 2006 nahm ich an einer Lehrerfortbildung des Projekts »Eine Welt in der Schule« zum Thema »Süßer Zucker – Bitterer Zucker« teil.

Eingeführt wurden wir in das Thema mit einem Mystery. Hierbei handelt es sich um eine Lernmethode, die die globalen Zusammenhänge – zum Beispiel beim Zuckerwelthandel – den Schülerinnen und Schülern nicht so abstrakt erscheinen lässt. Es wird jeweils die Situation einer Person beschrieben, die etwas mit dem Zuckeranbau und -vertrieb zu tun hat. Geografisch gesehen weit voneinander entfernt – eine Familie in Deutschland (Zuckerrübenanbau) und die andere Familie in Brasilien (Zuckerrohranbau) – können sie durch die Strukturen im Welthandel sehr eng miteinander verwoben sein.

Nach dem Mystery schauten wir uns noch andere Facetten des Themas an. Schnell war klar, dass das Thema »Zucker« auch zum Lernbereich »Eine Welt« einiges zu bieten hat, das über den reinen Nahrungsmittelaspekt hinausgeht:

- (Rohr-)Zucker ist ein typisches Kolonialprodukt.
- Das »Welthandelsgut Zucker« liefert zahlreiche beachtenswerte Unterpunkte (Arbeitsbedingungen, Produktion, Markt, Subventionen, Fairer Handel).
- Der Anbau von Zucker als Monokultur hat vielfältige Auswirkungen auf die Umwelt.

Die Tagungsteilnehmerinnen und -teilnehmer teilten sich entsprechend der Schultypen und Klassenstufen in Arbeitsgruppen auf der Lehrerfortbildung auf. Meine Arbeitsgruppe hat auf der Tagung so effektiv gearbeitet, dass dabei eine Erfolg versprechende Sequenzierung für ein Unterrichtsbeispiel rund um das Thema Zucker für die Klassenstufen 5 bis 6 herauskam.

Umsetzung

Ich arbeite an einer niedersächsischen Realschule in Rotenburg/Wümme. Hier fanden kurz vor den Sommerferien Projekttage statt. Dies war eine gute Möglichkeit, das Thema in einer Projektwoche umzusetzen.

Das Projekt »Eine Welt in der Schule« stellte mir vielfältige Materialien zur Verfügung. Unterstützung erhielt ich auch von der Stadtbibliothek in Roten-

Inhalt

Projektwoche „Zucker" (4.–6. Klasse)
„Personal": Studenten, Referendare, etc.
Leitgedanke: Süßer Zucker – bitterer Zucker

Einstieg Projektwoche: Zucker – Mystery (1. Tag)
Begriffsklärungen
Materialsammlung / Bücherkiste
Plenum
Gruppeneinteilung / Arbeitsaufträge

Einstieg (2. Tag): evt. gemeinsamer Film / kl. Lesung
Beginn Gruppenarbeit
Bastel- / Spiel-   Vorbereitung für Unterrichtsgänge
station   Zuckerrallye (Zuckersorten / zuckerhaltige
Lebensmittel)

Einstieg (3. Tag): außerschulische Lernorte
(evt. Zuckerfabrik / -museum /
Bastel- / Spiel-   Eine Welt Laden / Einkaufsmarkt;
station   Alternative zur Fabrik: „Zuckerexperte" einladen)
Plenum bzw. Arbeit in Gruppen

Einstieg (4. Tag): Arbeit in den Gruppen
Präsentationsvorbereitungen (Plakate)
Bastel- / Spiel-   Arbeits- / Bastelspielphase
station

Abschlusstag: Nachbereitung einzelner Gruppen
Präsentationen (Plakate / Ausstellung)
Berichte von den Unterrichtsgängen
evt. klassenübergreifende Zuckerrallye

– Arbeitsbedingungen beim Zuckerrohranbau
– Angebot und Verwendung der Zuckerarten hierzulande
– Zuckereinkauf im Supermarkt und
  im Eine-Welt-Laden

In der 1. und 2. Stunde arbeiteten wir an den Projekttagen jeweils im Klassenverband. Anschließend arbeiteten die Schülerinnen und Schüler in Gruppen, deren Inhalte mit den o. g. sechs Themenbereichen identisch waren.

Da mich an zwei Vormittagen eine Referendarin unterstützte, konnte die Klasse bei entsprechenden Aktionen (z. B. der Herstellung von gebrannten Mandeln) halbiert werden. Einzelne Schülergruppen konnten während der Internetrecherche betreut werden, während andere Arbeitsgruppen im Klassenraum arbeiteten.

Die Schülerinnen und Schüler sollten zum Ende der Projektwoche ein Plakat oder eine Broschüre zur Präsentation anfertigen.

Ferner war es ihre Aufgabe, zu ihrem Thema einen Fragebogen oder Ähnliches vorzubereiten, damit ihre Mitschüler im Laufe der Präsentation eine Art Rallye durchführen konnten.

Durch die Rallye sollten die Schülerinnen und Schüler noch einmal die Möglichkeit erhalten, sich mit den Lerninhalten, die sie nicht selbst bearbeitet hatten, intensiver zu befassen, indem sie die Präsentation genauer ansehen mussten.

burg/W. Die dortigen Mitarbeiterinnen und Mitarbeiter stellten mir für den Unterricht eine Bücherkiste zum Thema zusammen. Außerdem bestellte ich bei der Centralen Marketing-Gesellschaft der deutschen Agrarwirtschaft (CMA) und bei der Nordzucker AG übers Internet kostenlos geeignetes Material.

Die Projektwoche fand an vier Tagen in einer 6. Klasse, in der ich Klassenlehrerin bin, statt. Es standen uns pro Vormittag jeweils vier Schulstunden zur Verfügung. Nach erfolgter Vorbereitung und Materialbeschaffung ergaben sich bei der Planung sechs Themenbereiche, die während dieser Zeit erarbeitet werden sollten:
1. Geschichte des Zuckers
2. Welthandel
3. Zuckergewinnung /
   Zuckerverarbeitung
4. Fairer Handel
5. Ernährung
6. »Zuckerpflanzen«

Alle Schülerinnen und Schülern sollten nach der Durchführung Kenntnisse über folgende Bereiche besitzen:

– Herkunft des Zuckers
– Unterschiede zwischen Zuckerrüben
  und Zuckerrohr
– Anbaumethoden / Anbaugebiete der
  Pflanzen
– Geschichte des Zuckers / Zuckerrohrs
– Herstellungsverfahren des Zuckers
– Wirtschaftliche Bedingungen für den
  Handel mit Zucker

Verschiedene Zuckerarten werden »gefühlt«

Die Schülerinnen und Schüler arbeiten am Mystery

Fühltüten und Mystery

Zu Beginn wurden die organisatorischen Dinge (Gruppenaufteilung, Besprechung der Arbeitsaufträge, Vorbereitung von Unterrichtsgängen usw.) besprochen. Den Schülerinnen und Schülern war das Thema bekannt. So wählte jede Gruppe einen Themenschwerpunkte aus.

Gebrannte Mandeln

Zutaten:
1/8 Liter Wasser
200 g Zucker
1 Paket Vanillezucker
1/2 TL Zimt
200 g Mandeln

Zubereitung:
In einer beschichteten Pfanne knapp 1/8 Liter Wasser mit Zucker, Vanillezucker und Zimt zum Kochen bringen. Die ungeschälten Mandeln zugeben und bei hoher Temperatur so lange kochen, bis der Zucker trocken wird. Dabei ständig mit einem Kochlöffel rühren. Die Hitze auf mittlere Temperatur herunterschalten und die Mandeln solange rühren, bis der Zucker wieder schmilzt und die gebrannten Mandeln karamellisieren. Die gebrannten Mandeln auf Backpapier oder ein gefettetes Backblech schütten und mit Hilfe von 2 Gabeln sofort zerteilen. Am besten schmecken die gebrannten Mandeln noch warm.

Sie erhielten jeweils ein Blatt mit Arbeitsaufträgen🅜 und entsprechendes Arbeitsmaterial.

Als Einstieg in das Projekt hatte ich »Fühltüten« hergestellt und Geschmacksproben vorbereitet. Die Schülerinnen und Schüler erhielten ein Arbeitsblatt, auf dem sie ihre Ergebnisse festhielten.🅜 In fünf Tüten befanden sich verschiedene Zuckerarten (Haushaltszucker, Würfelzucker, Krümelkandis, Kandis und Puderzucker). Anschließend erfolgte eine Geschmacksprobe. Hier sollten sie den Geschmack beschreiben.

Diese Aktion brachte den Schülerinnen und Schülern sehr viel Spaß. Sie waren sehr motiviert beim Ausfüllen des Arbeitsblattes und bekamen alle Zuckerarten heraus, wenn auch der Krümelkandis nur einer Schülerin ein Begriff war. Beim Geschmackstest kamen vor allem Äußerungen über den Biowürfelzucker. »Der schmeckt irgendwie herber und riecht auch anders als der herkömmliche Würfelzucker«, sagte ein Schüler. Dies bestätigten auch die anderen Mitschülerinnen und Mitschüler. Die Schülerinnen und Schüler erhielten nun die Möglichkeit, sich die Verpackungen genauer anzusehen. Wir bauten dazu einen Präsentationstisch auf. Die Produkte aus dem Eine-Welt-Laden waren den meisten Kindern unbekannt. Anhand der Deklaration wurde der Begriff Rohrzucker und Fairer Handel erklärt.

Im Anschluss daran erhielten sie das oben beschriebene Mystery. Die Vorlage, wie sie in Praxis

Geographie (Praxis Geographie, Heft 4/April 2005) abgebildet ist, hatten wir auf der Lehrerfortbildung für eine 6. Klasse umgearbeitet.🅜 In Kleingruppen machten sie sich nun an die Arbeit. Jede Gruppe erhielt einen Umschlag mit der Aufgabe, die Leitfrage (Warum kommt es zwischen einem deutschen und einem brasilianischen Mädchen zum Streit darüber, ob es gut ist, dass der brasilianische Präsident von der Welthandelsorganisation WTO Recht bekommen hat?) anhand der Informationskärtchen zu lösen. Die Schülerinnen und Schüler sollten die Kärtchen in detektivischer Arbeit sinnvoll miteinander in Beziehung bringen, so dass die Ausgangsfrage beantwortet wird. Dabei waren große Unterschiede in den Gruppen erkennbar. Manche Schülerinnen und Schüler hatten anfangs große Schwierigkeiten; sie wussten nicht, wie sie das Mystery lösen sollten. Durch entsprechende Hilfestellung der Lehrerin und anderer Mitschülerinnen und Mitschüler aus den Nachbargruppen hatten aber auch sie am Ende eine Lösung gefunden. Andere Gruppen wiederum konnten sehr selbstständig damit umgehen. Alle waren sie während der ganzen Zeit motiviert und keine Gruppe gab auf. Es war schön zu beobachten, wie sie sich gegenseitig unterstützten. Auch kam es gruppen-übergreifend zu kleinen Diskussionen. Ein Mystery ist eine tolle Lernmethode, die Schülerinnen und Schüler motivierend auf ein Thema vorzubereiten.

Für die Erarbeitung und für die Auswertung müssen allerdings zwei Schulstunden eingeplant werden.

Gebrannte Mandeln und Gruppenarbeit

An diesem Vormittag standen »Gebrannte Mandeln« in unserer Schulküche auf dem Programm. Das Motto »Viele Köche verderben den Brei!« nahm ich zum Anlass, die Herstellung der gebrannten Mandeln in Halbgruppen (die 2. Gruppe wurde von der Referendarin betreut) durchzuführen. In einem zehnminütigen Einführungsgespräch wurden das Rezept M und die Regeln der Küchenbenutzung besprochen. Die Zutaten für die Mandelherstellung hatten zwei Schülerinnen am Vortag besorgt. Die Schülerinnen und Schüler waren hoch motiviert von der Vorstellung, eigene gebrannte Mandeln herzustellen. Die Motivation, anschließend die Küche aufzuräumen,

um sie der anderen Halbgruppe zu überlassen, war nicht minder, denn sie waren mit ihren Kochkünsten allesamt zufrieden. Am Ende hatten alle Kinder eine kleine Tüte mit »gebrannten Mandeln«, die bereits am Vormittag aufgegessen waren. Einige Schülerinnen und Schüler kamen am nächsten Morgen mit neuen gefüllten Tüten in die Schule. Sie hatten zu Hause den Eltern ihre Kochkünste nicht vorenthalten wollen. Die Rezeptur sollte allerdings von Kolleginnen und Kollegen unbedingt zu Hause einmal selbst durchgeführt werden, um den richtigen Moment der Karamellisierung abzupassen, der für ein gutes Gelingen der Mandeln wichtig ist.

Die übrige Zeit an diesem Vormittag arbeiteten die Schülerinnen und Schüler in ihren Gruppen. Durch die Doppelbesetzung war es möglich, dass einige Schülerinnen und Schüler im Internet recherchierten. Das arbeitsteilige Arbeiten in den Gruppen funktionierte sehr gut. Um die Suche im Internet möglichst effektiv durchzuführen, würde ich sie beim nächsten Mal noch konkreter mit Internetadressen und Arbeitsaufträgen vorbereiten.

Szenische Darstellung

Den 3. Projekttag begannen wir mit einer kleinen szenischen Darstellung. Zwei Schülerinnen und Schüler stellten einen Zuckerwitz vor. Anschließend wurde an diesem Vormittag ausschließlich in Gruppen gearbeitet. Das Arbeitspensum der einzelnen Gruppen war sehr unterschiedlich. Während einige Gruppen

Fairer Handel

Eure Aufgabe ist es, sich über den fairen Handel mit Zucker »schlau zu machen«!

Folgenden Fragen müsst ihr dazu beantworten:
– Was ist »fairer Handel« überhaupt?
– Wo kann man in Rotenburg Zucker aus fairem Handel kaufen?
– Was spricht für, was gegen den fairen Handel?
Vielleicht fallen euch aber auch weitere Fragen zum Thema ein.

Um die Fragen beantworten zu können, seht euch das Material an. Vielleicht besteht die Möglichkeit im Internet zum Thema »Zucker« zu forschen oder einen Eine-Welt-Laden anzuschauen und dort die Mitarbeiter zu befragen oder ihr habt eine andere Idee, daran zu arbeiten.

Das ist wichtig: Am Dienstag muss euer Präsentationsplakat fertig sein und ihr müsst für eure Mitschüler eine Aufgabe ausgearbeitet haben!

Aufgabenbeispiel für die Gruppenarbeit

bereits mit den Arbeitsaufträgen für die Rallye begannen, mussten andere ihre Plakate noch überarbeiten. Nur durch die Doppelbesetzung war es möglich, den einzelnen Gruppen wichtige Hilfestellungen zu geben. Die Arbeitsgruppe »Ernährung« und die Arbeitsgruppe

Arbeit an Präsentationsplakaten

»Zuckerpflanze« führten mit der Referendarin einen Zuckernachweisversuch durch.

An diesem Vormittag hatten die Gruppen auch grundsätzlich die Möglichkeit, Unterrichtsgänge z. B. zum Eine-Welt-Laden in Rotenburg durchzuführen. Leider klappte dies jedoch nicht, teils weil sie es nicht geschafft hatten, selbstständig dort einen Termin abzusprechen, teils aus Zeitgründen. Eine weitere Gruppe suchte einen Supermarkt außerhalb der Schulzeit auf.

Präsentation

An diesem Schulvormittag fand die Präsentation statt. Die Schülerinnen und Schüler bereiteten ihre Präsentationsecken im Klassenraum vor, d. h. sie klebten ihre Plakate an die Wand und bereiteten die Arbeitsaufträge für ihre Mitschülerinnen und Mitschüler auf den Tischen vor.

Nun stellten die einzelnen Gruppen ihre Ergebnisse vor. Eine Gruppe hatte eine Broschüre hergestellt, die anderen ein Plakat. Anschließend gingen alle Schülerinnen und Schüler zu den Präsentationsecken und erledigten die von ihren Mitschülern gestellten Aufgaben.Ⓜ Die Arbeitsaufträge waren unterschiedlich:
- Fragen beantworten (wurde am häufigsten gewählt),
- Rätsel lösen,
- Zuckerwürfel aufbauen, um den Zuckergehalt von einem Liter Coca-Cola darzustellen usw.

Am Ende der Rallye werteten die einzelnen Gruppen als »Experten« die Ergebnisse ihrer Mitschülerinnen und Mitschüler aus.

Ein kurzer Rückblick

Beim Thema Zucker handelt es sich um ein Produkt, das auch im Welthandel eine Rolle spielt. Somit kann man damit auch die globalen Zusammenhänge sehr gut unterrichtlich aufarbeiten.

»Zuckerrohr« war vor der Projektwoche den wenigsten Schülerinnen und Schülern ein Begriff. Interessant waren für sie deshalb u. a. die Unterschiede beim Anbau und bei der Herstellung von Rohr- und Rübenzucker. Die Arbeitsbedingungen der Zuckerrohranbauer erschien ihnen ungerecht. Der Zusam-

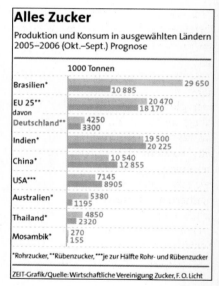

Alles Zucker

Produktion und Konsum in ausgewählten Ländern 2005–2006 (Okt.–Sept.) Prognose

1000 Tonnen

Land		
Brasilien*	29 650	10 885
EU 25** davon	20 470	18 170
Deutschland**	4250	3300
Indien*	19 500	20 225
China*	10 540	12 855
USA***	7145	8905
Australien*	5380	1195
Thailand*	4850	2320
Mosambik*	270	155

*Rohrzucker, **Rübenzucker, ***je zur Hälfte Rohr- und Rübenzucker

ZEIT-Grafik/Quelle: Wirtschaftliche Vereinigung Zucker, F. O. Licht

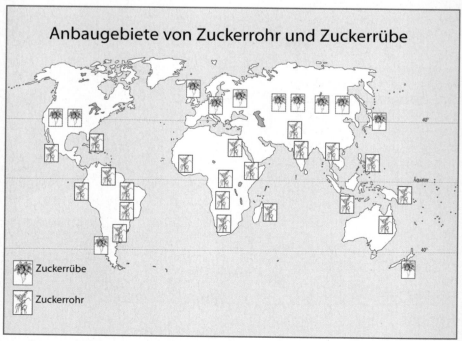

Anbaugebiete von Zuckerrohr und Zuckerrübe

Zuckerrübe

Zuckerrohr

menhang zwischen der zum Juli 2006 veränderten EU-Zuckermarktordnung und ihren möglichen Auswirkungen auf die Beteiligten wurde ebenso angesprochen wie die Bedeutung von fair gehandelten Waren für die Familien vor allem in den afrikanischen und südamerikanischen Anbauländern.

Die Schülerinnen und Schüler haben m. E. während der Projektwoche erkannt, dass Veränderungen beim Welthandel (Weltmarktpreise / EU-Verordnungen) Familien in Deutschland ebenso betreffen wie Familien in Brasilien oder in anderen Zucker produzierenden Ländern und dass eine für alle Beteiligten »gerechte« Lösung zu finden nicht immer einfach ist.

Das Thema »Süßer Zucker – Bitterer Zucker« bietet sehr viele Möglichkeiten, fächerübergreifend zu arbeiten.

Somit können den Schülerinnen und Schülern globale Zusammenhänge nicht nur auf einer abstrakten Ebene vermittelt, sondern die Inhalte in einem abwechslungsreichen und handlungsorientierten Unterrichtsgeschehen integriert werden.

Den Schülerinnen und Schülern gefiel das selbstständige Arbeiten besonders gut. Ob es einzelne Aktivitäten wie die Herstellung der Mandeln, das Erfühlen der Zuckerarten, die szenische Darstellung und den Nachweis des Zuckers betraf oder ob es um methodisch-inhaltliche Belange wie das Mystery, die Internetrecherche und die Präsentation ging, sie waren die ganze Zeit aufmerksam bei der Sache. Die Vorbereitung und Durchführung der »Rallye« machte ihnen ebenfalls sehr viel Spaß.

Starke Preisschwankungen

Die Weltmarktpreise für Zucker unterliegen starken Schwankungen. Die Weltzuckerproduktion liegt bei etwa 136 Millionen Tonnen, ein Drittel davon wird aus Zuckerrüben gewonnen. 69 Prozent des Zuckers werden in den Herstellerländern selbst konsumiert. Oft exportieren die Länder nur ihre Überschüsse, denn die Versorgung der eigenen Bevölkerung hat Vorrang.

Durch eine verfehlte Agrarpolitik in den Industrieländern, fehlende Alternativen und aufgezwungene Wirtschaftsprogramme in den Entwicklungsländern entstehen in manchen Erntejahren große Überkapazitäten, was zu extremen Preisschwankungen und großen Problemen für Länder führt, die auf die Exporterlöse aus dem Zuckergeschäft angewiesen sind. Überproduktion, die Konkurrenz durch synthetischen Süßstoff und EU-Protektionismus tragen stark zum Preisverfall des Zuckers bei. Leidtragende sind die Produzenten als schwächstes Glied in der Handelskette.

Quelle: http://www.fairhandeln-bayern.de/seiten/mkzuk.html vom 02.07.2007

Zuckermarktordnung – Was wurde von der EU beschlossen?

Beschlossen wurde ein Modell, das auf der Vorgabe beruht, durch Preisreduktion sowohl die Eigenproduktion der EU abzusenken, als auch die zu erwartenden Importmengen auf einer Höhe zu halten, die der noch zu erwartenden Eigenproduktion der EU und in etwa dem Verbrauch der EU entsprechen. Beschlossen wurde, den Zuckerpreis in den nächsten 4 Jahren schrittweise um 36% auf ca. 400 €/t zu senken. Die betroffenen Bauern in der EU erhalten für die Umsatzverluste Ausgleichszahlungen von rund 64% (...). Für die Produzenten in den AKP-Staaten werden die Preise ebenfalls schrittweise gesenkt, allerdings wird kein vergleichbarer Ausgleich gezahlt. Sie erhalten auch Zahlungen, die aber nur im ersten Jahr auf 40 Mio. € festgelegt sind und nicht aus dem Agrar-, sondern aus dem Entwicklungsbudget der EU genommen werden sollen.

Großzügige Entschädigungen erhalten auch die europäischen Zuckerhersteller.

Nach Angaben von Oxfam werden die europäischen Bauern in der vierjährigen Übergangsphase Ausgleichszahlungen von zunächst jährlich 900 Mio. € erhalten, die sich auf ca. 1,5 Mrd. € ab 2008 erhöhen. Die Zuckerindustrie erhält im Laufe der vierjährigen Übergangsperiode gar einen Beitrag von insgesamt ca. 6 Mrd. € für die Stilllegung von Kapazität.

Insgesamt ist diese Reform von kaum einem entwicklungspolitischen Beobachter gelobt worden. Die Ausgleichszahlungen für die betroffenen AKP-Länder sind marginal, verglichen mit den Milliarden, die die EU intern verwenden wird.

Auszug aus folgender Quelle: Informationsbrief Weltwirtschaft & Entwicklung: Noch einmal: Die Reform des EU-Zuckermarktes. http://www.weltwirtschaft-und-entwicklung.org/cms/wearchiv/531686975b0d52001.php vom 03.07.2007

»Fair-Führung im Regenwald«

Klassenfahrt zum WeltGarten Witzenhausen

Katharina Desch/Markus Hirschmann

Der WeltGarten Witzenhausen (WeGa) ist ein Kooperationsprojekt verschiedener Partner (Tropengewächshaus Witzenhausen/Universität Kassel, Deutsches Institut für tropische und subtropische Landwirtschaft (DITSL), Deutscher Entwicklungsdienst (DED)/Regionale Bildungsstelle Göttingen, Arbeitskreis Eine Welt e. V., Internationales Bildungszentrum Witzenhausen (IBZW) sowie Ökumenische Werkstatt Kassel/Evangelische Kirche von Kurhessen-Waldeck).

Wir möchten mit unserem Bildungsangebot ein Bewusstsein für die Zusammenhänge zwischen eigenem lokalen Handeln und globalen Prozessen schaffen. Dabei erarbeiten wir gemeinsam individuelle Handlungsmöglichkeiten für einen fairen und nachhaltigen Umgang miteinander und mit unserer Einen Welt. Als UNESCO-Dekadeprojekt orientieren wir uns dabei an den Kriterien der Bildung für nachhaltige Entwicklung.

Neu im WeltGarten ist das Angebot einer **drei- bis fünftägigen Klassenfahrt rund um das Thema »Regenwald«**. Dabei geht es um die Verbreitung und die Bedeutung des Regenwaldes, um das Leben in und mit dem Regenwald bis hin zum Fairen Handel. Viele Produkte, die aus Pflanzen des Regenwaldes gewonnen werden, z. B. Schokolade oder auch Früchte wie Banane, Mangos und

Ananas, sind fester Bestandteil unseres Alltags. Sie schaffen direkte Verbindungen zwischen unserem Alltag hier und dem Leben in den Ländern des Südens.

Um sich diesem Themenkomplex möglichst vielschichtig und differenziert zu nähern, verknüpft der WeltGarten die Lernorte Tropengewächshaus, Weltladen, Völkerkundemuseum und die Fachbibliothek des Deutschen Instituts für tropische und subtropische Landwirtschaft. Dort arbeiten die Schülerinnen und Schüler ganzheitlich und fächerübergreifend, unterstützt durch Expertinnen und Experten aus der entwicklungsbezogenen Zusammenarbeit. Das Wissen und die authentischen Erfahrungen der Referentinnen und Referenten runden das Thema ab und ermöglichen somit eine ganzheitliche Sichtweise auf die Welt des »Regenwaldes«, seine Verflechtungen mit uns und die Wege der Globalisierung.

Die dabei eingesetzten Arbeitsmethoden wie Stationenlernen, Rollenspiele, Rallyes, Gruppen- und Einzelarbeit sowie Erkundungen fördern nicht nur die Teamfähigkeit, das Bewusstsein und die Verantwortung für das eigene Handeln, sondern tragen maßgeblich zur Gestaltungskompetenz von Schülerinnen und Schülern bei. Damit erfüllt das Angebot die Kriterien einer »Bildung für Nachhaltige Entwicklung«.

Das Angebot der Klassenfahrt richtet sich vor allem an Kinder der 4. bis 7. Jahrgangsstufe und kann den verschiedenen Schularten angepasst werden.

Weitere Informationen:
Katharina Desch
Steinstr. 19, 37213 Witzenhausen
Telefon: 05542 / 607-92
E-Mail:
k.desch@weltgarten-witzenhausen.de
www.weltgarten-witzenhausen.de

WeltGarten Witzenhausen
Programm: »Fair-Führung im Regenwald«

Uhrzeit	Montag
8.00	
9.00	Anreise
	Zimmerbeziehung
	Programmvorstellung
	und Kennenlernen
	Erkundungsrallye
	zur Orientierung auf dem
	Gelände (1,5h)
12.00	Mittagspause
14.00	Einführung in das Soziale
	Handeln, Fair-Play
	IBZW (3h)
18.00	Abendessen
19.00	Tagebuch (freiwillig)
19.30	Einführung in das Thema
	Regenwald
	Tropengewächshaus (1,5h)

Uhrzeit	Dienstag
8.00	Frühstück
9.00	Entdeckungsreise durch die
	Pflanzenwelt des tropischen
	Regenwaldes
	Tropengewächshaus (3h)
12.00	Mittagspause
14.00	Die ökologische Vielfalt des
	Regenwaldes
	und die Bedeutung von
	Ressourcenschutz
	DED (3h)
18.00	Abendessen
19.00	Tagebuch (freiwillig)
19.30	
	frei

Uhrzeit	Mittwoch
8.00	Frühstück
9.00	Der Regenwald als Lebensraum
	vieler Völker und seine
	Bedeutung für die Menschen
	ÖEW und DITSL im
	Völkerkundemuseum (3h)
12.00	Mittagspause
14.00	
	frei
18.00	Abendessen
19.00	Tagebuch (freiwillig)
19.30	Für Freiwillige:
	Schokolade machen oder
	Recyclingpapier herstellen
	Tropengewächshaus (1,5h)

Uhrzeit	Donnerstag
8.00	Frühstück
9.00	Einführung in den
	Fairen Handel, Fair-Pay
	(ggf. Stadtrallye in Verbindung
	mit Vorbereitung für den
	Bunten Abend)
	Weltladen (3h)
12.00	Mittagspause
14.00	Vorbereitung für Bunten Abend,
	exotisches Kochen und Essen
	(ggf. mit dem ghanaischen
	Künstler Adjei Adjetey)
18.00	(bis 5h)
19.00	Tagebuch (freiwillig)
19.30	Bunter Abend
	(ggf. Trommeln
	mit Adjei Adjetey)

Uhrzeit	Freitag
8.00	Frühstück
9.00	Aufräumen
	Abschlussrunde
	(1h)
	Packen
	Abreise

Die große Schatzkiste ...

Ein inter-kulturelles Kommunikations-projekt

Bettina Lutterbeck

Ein Schatz weckt bei uns allen, besonders aber bei Kindern und Jugendlichen, viele Erwartungen. Schätze sind geheimnisumwoben und Glück verheißend. Die Erwartung, einen Schatz zu finden, verleiht der Phantasie Flügel. Die hier beschriebenen Unterrichtsanregungen für Kinder und Jugendliche regen zu einer Schatzsuche an. Sie hat eine zeitliche, eine nachhaltige und eine interkulturelle Dimension. Interkulturelles Lernen kann, muss aber nicht im Vordergrund stehen, es läuft – so oder so – nebenher mit.

Je nach Zusammensetzung der Gruppe bietet sich ein persönlicher Zugang an oder eine Schatzsuche, die einzelne

Themen vertieft wie Kinderarbeit, Familie, Tanz und Kultur ...

Länderfilme

Wichtiger Bestandteil der Schatzsuche sind 12 Länderfilme und eine Ausstellung, die die Wünsche, Träume und Sorgen von Kindern und Jugendlichen aus Afrika, Asien, Lateinamerika und Europa dokumentieren. Die Filme wurden von Filmemacherinnen und -machern aus den jeweiligen Ländern (u. a. Mexiko, Philippinen, Südafrika, Polen, Tansania und Deutschland) gedreht und von Pierre Hoffmann (Faust Film + Projekte, Berlin) in einer Reihe herausgegeben. Zuletzt erschien die DVD »Die große Schatzkiste für die Kinder der Zukunft – Aufforderung zu einem globalen Projekt«, die einen Überblick über Ziele und Verlauf des Projekts gibt.

Die Länderfilme knüpfen an ein multimediales interkulturelles Kommunikationsprojekt für Kinder zwischen 9 und 15 Jahren an: »Die große Schatzkiste für die Kinder der Zukunft«. Mehr als 40.000 Kinder in 14 Ländern haben sich bisher an dem Projekt beteiligt. Sie alle

haben sich persönliche Botschaften überlegt, die sie an die Kinder der Zukunft richteten: Gedichte, eine Tonfigur, Fotografien, Musik, Comics ... Die symbolischen Gaben wurden in eine kunstvoll gestaltete Schatzkiste verpackt, die 50 Jahre später von Kindern und Jugendlichen aus der Generation ihrer Enkel wieder hervorgeholt werden soll. Solange lagern die Schatzkisten verschlossen in Museen, wie etwa dem Kindermuseum Papalote in Mexiko-Stadt oder dem Nationalen Museum für Kulturgeschichte in Pretoria. Die Länderfilme porträtieren einzelne Kinder und Jugendliche, die sich am Schatzkistenprojekt in ihrem Land beteiligten. Die Kamera begleitet sie durch ihren Alltag. Dabei erfährt der Zuschauer auf eine unaufdringliche und facettenreiche Weise etwas darüber, wo und wie sie leben und was sie sich für ihre Zukunft wünschen. Ganz im Sinne des globalen Lernens schlägt das Projekt eine Brücke zwischen lebensweltlichen Erfahrungen von Kindern und Jugendlichen aus verschiedenen Ländern und Kulturen und bietet vielfältige Anknüpfungspunkte für den

Unterricht (Kunst, Biologie, Sport, Religion bzw. Ethik usw.) und außerschulische Jugendgruppen. Zwei Länderfilme sind mit einer ausführlichen Arbeitshilfe besser erschlossen, in der Bildungsarbeit können aber ohne viel Vorbereitung weitere Akzente gesetzt werden.

Südafrikanische Schätze

Im Südafrika-Film lernen die Zuschauerinnen und Zuschauer zum Beispiel Lerato (12) kennen, die Tänzerin werden will. Zusammen mit Hussein (11), indischer Abstammung, oder William (12) mit dem Bauarbeiterhut verkörpern sie die erste junge Generation in Südafrika, die ohne Rassentrennung aufwächst. Sie stammen aus ganz verschiedenen Gegenden des Landes und kommen aus sehr unterschiedlichen Familienverhältnissen. Was sie der Schatzkiste anvertrauen, hat viel mit ihrer eigenen Geschichte zu tun. Geprägt sind ihre Erlebnisse nicht zuletzt von der Umgebung, in der sie aufgewachsen sind, sei es das Villenquartier, die Straße oder die Township. Neu ist für Südafrika, dass all diese Kinder, egal welcher Hautfarbe und Religion, gemeinsam zur Schule gehen und zusammen Zeichnungen, Gedichte oder Bastelarbeiten für die Schatzkiste anfertigen. Damit verbunden sind auch ihre Wünsche für die Zukunft, wie zum Beispiel die Rettung von bedrohten Tierarten, der Kampf gegen Verbrechen und die Umweltverschmutzung … Der Film enthält eine Fülle an Möglichkeiten, verschiedene Themen zu vertiefen. Die Kinder stammen aus unterschiedlichen sozialen Verhältnissen und haben unterschiedliche Visionen für die Zukunft. Umweltschutz – Bewahrung der natürlichen Vielfalt, Armut – Leben auf der Straße, Aids, Apartheid – Rassismus bei uns, Tanz als kulturelle Ausdrucksform. Neben den gängigen Vorstellungen von Afrika, die sich in unseren Köpfen eingenistet haben, gibt der Film auf eine leichte, eingängige Weise viele Facetten der Lebenswelt unterschiedlicher Jugendlicher wieder.

Philippinische Schätze

Für Grundschulkinder geeignet ist insbesondere der Film »Philippinen – eine Handvoll Lava-Erde«. In Schulprojekten mit Schülerinnen und Schülern der Sprach- und Leseförderung in einer 2. Grundschulklasse und mit Viertklässlern im Religionsunterricht hat sich ein

lebensweltlicher Einstieg als sehr lebendig erwiesen. Es können verschiedene Themen vertieft werden, etwa Kinderarbeit, Umweltschutz und Nachhaltigkeit oder was bei einem Vulkanausbruch passiert. Scheinbar nebenher wird den Kindern noch einmal deutlich, dass sie wesentliche Hoffnungen und Wünsche mit Kindern aus aller Welt teilen: Die Sehnsucht nach Liebe und Geborgenheit, der Wunsch nach Frieden und nach einer intakten Natur.

Wie komme ich an das Material?

Die halbstündigen Länderfilme aus der Reihe »Die große Schatzkiste für die Kinder der Zukunft« können auf VHS bei den meisten Evangelischen Medienzentralen und Bildstellen kostenfrei ausgeliehen werden. Verleih und Vertrieb einzelner Länderfilme (Philippinen, Mexiko, Südafrika, Tansania, Tibeter in Indien) ist auch beim Evangelischen Zentrum für Entwicklungsbezogene Filmarbeit (EZEF, Kniebisstraße 29, 70188 Stuttgart, Tel.: 0711/2847243, E-Mail: info@ezef.de) möglich.

Neu erschienen ist die DVD »Die große Schatzkiste für die Kinder der Zukunft – Aufforderung zu einem globalen Projekt«, die einen Überblick über das Gesamtprojekt gibt, mit kurzen Porträts von Kindern aus einzelnen beteiligten Ländern.

Die Arbeitshilfe »Die große Schatzkiste für die Kinder der Zukunft« mit einer Beschreibung des Projekts und allen Länderfilmen sowie didaktischen Anregungen befindet sich auf der Homepage des EZEF (www.ezef.de) in der Rubrik Arbeitshilfen oder kann als Arbeitshilfe Nr. 152 kostenlos in gedruckter Form angefordert werden. Als pdf-Datei verfügbar sind die Unterrichtseinheiten zum Länderfilm »Philippinen – eine Handvoll Lava-Erde« und zum Länderfilm »Südafrika – Tanzen überwindet Grenzen«, mit vielfältigen didaktischen Anregungen für verschiedene Altersgruppen, Arbeitsblättern u. v. m.

Das im Auftrag von »Brot für die Welt« herausgegebene Werkheft »Schätze suchen – Schätze finden« ist ebenfalls eine Fundgrube für die Bildungsarbeit zum Thema Schätze, u.a. mit Kopiervorlagen für eine Schatzkarte, einer Fantasiereise und Anregungen für Jugendgruppen und den Kindergottesdienst. Zu bestellen beim Zentralen Vertrieb des

Leben in Armut – Leben auf der Straße

Eine vom Ev. Zentrum für entwicklungsbezogene Filmarbeit (EZEF) herausgegebene Arbeitshilfe zum Südafrika-Länderfilm vertieft u.a. das Thema »Leben in Armut - Leben auf der Straße« in Südafrika. Die Gefahr, das Klischee zu vertiefen »Afrika ist arm«, wird umschifft, indem der Zugang zum Thema über die Lebenswelt der Jugendlichen und ihre eigenen Erfahrungen erfolgt, um Parallelen und Unterschiede herauszuarbeiten. Denn auch hier in Deutschland wächst die Zahl der Kinder, die in Armut aufwachsen und die Zahl derer, die auf der Straße leben.

Einen ersten Zugang bietet eine Übung, in der es darum geht, Sätze zu vervollständigen:

- Arm ist, wer…
- Wenn ich arm wäre, fände ich besonders schlimm, dass…
- …und dann würde ich…
- Wenn ich arme Menschen träfe, würde ich…

Im Vergleich mit den Aussagen von Jugendlichen im Film kann der Unterschied zwischen absoluter und relativer Armut herausgearbeitet werden und diskutiert werden, ob Armut in der BRD mit der Armut in der so genannten Dritten Welt vergleichbar ist.

Diakonischen Werkes Karlsruhe (Bestell-Nr. 420204, Tel.: 0711/9021650).

Im Frühjahr 2005 entstand im Vorfeld des Evangelischen Kirchentages in Hannover im Auftrag des Evangelischen Entwicklungsdienstes eine multimediale Ausstellung zum Schatzkistenprojekt, die über den Evangelischen Entwicklungsdienst (EED) (Julia Rohde, Ulrich-von-Hassell-Str. 76, 53123 Bonn, Tel.: 0228/8101-2101, E-Mail: eed@eed.de oder Faust Film + Projekte Berlin (Pariser Str. 37, 10707 Berlin, Tel.: 030/8854191, E-mail: projects@faustfilm.de, http://www.faustfilm.de/treasure_chest_homepage_de.html) verliehen wird. Fotos und Schätze von Kindern und einzelnen Schatzkisten verdeutlichen noch einmal das Projekt. Ein Besuch der Ausstellung kann in Verbindung mit diesem Unterrichtsvorschlag weitere Impulse geben und gut in Projekttage eingebunden werden.

Die Welt rückt zusammen

Globale Entwicklung – ein Orientierungsrahmen

Rudolf Schmitt

Vor 10 Jahren wurde diese gemeinsame Empfehlung aller Kultusminister allenthalben als beachtlicher Fortschritt begrüßt. Der Text war aber sehr allgemein gehalten. Bildung für nachhaltige Entwicklung spielte keine Rolle. Vor allem fehlte der konkrete Bezug zu den Fächern und zu den didaktisch-methodischen Umsetzungsmöglichkeiten.

Der neue Arbeitsauftrag bot nun die Chance, alle diese Versäumnisse nachzuholen. Der Lernbereich »Eine Welt« – die Bezeichnung »Dritte Welt« entfiel aus verständlichen Gründen – sollte in all seinen Facetten umfassend und differenziert für die schulische Umsetzung aufbereitet werden. Der angepeilte Orientierungsrahmen sollte für Lehrerinnen und Lehrer, für Schulprogramme, für die Lehrplangestaltung, für Schulbuchverlage, für die Lehrerinnen- und Lehrerbildung, aber auch für Nichtregierungsorganisationen, die sich an der schulischen Bildung beteiligen wollen, konkrete Hilfen und Anregungen bieten.

Um dieser anspruchsvollen Zielsetzung genügen zu können, kooperierte im Rahmen dieses Projektes der Schulbereich mit den staatlichen Fachpartnern des Entwicklungsbereichs sowie mit Fachleuten aus Erziehungswissenschaft,

Auf der Plenarsitzung der Kultusministerkonferenz (KMK) am 4.3.2004 in Berlin vereinbarten die Kultusminister mit der Bundesministerin für wirtschaftliche Zusammenarbeit und Entwicklung (BMZ) ein gemeinsames »KMK-BMZ-Projekt«. Dieses Projekt erhielt den Auftrag, die Empfehlung der KMK vom 28. Februar 1997 mit dem Titel »Eine Welt / Dritte Welt in Schule und Unterricht« (Schmitt 1997, S. 31–36) zu überarbeiten und vor allem zu aktualisieren.

Fachdidaktik, Fachwissenschaften und Nichtregierungsorganisationen.

Nach dreijähriger intensiver Arbeit in vielen Arbeitsgruppen und auf mehreren Fachtagungen entstand ein umfangreicher Orientierungsrahmen, der unter der neuen Bezeichnung »Globale Entwicklung« entsprechend der Maxime »die Welt rückt zusammen« die globalen und lokalen Herausforderungen der Entwicklung und Ökologie verbindet. Bildung für nachhaltige Entwicklung ist das gemeinsame Dach aller Themen und Inhalte dieses Lernbereichs.

Der Orientierungsrahmen beschreibt insbesondere

- den Gegenstand des Lernbereichs »Globale Entwicklung«,
- die übergreifenden Bildungsziele des Lernbereichs »Globale Entwicklung«,
- die Kompetenzen, die Schülerinnen und Schüler erwerben sollen,
- die fachlichen Inhalte bzw. Themen, die für den Erwerb dieser Kompetenzenrichtig und geeignet sind, sowie
- die Leistungsanforderungen in konkreten Aufgabenbeispielen.

Die Entwicklungsdimensionen Gesellschaft, Wirtschaft, Politik und Umwelt haben Affinitäten zu schulischen Fächern und Fachbereichen. Der Orientierungsrahmen nimmt diese vier Entwicklungsdimensionen zum Ausgangspunkt, um die komplexen Fragen globaler Entwicklung zu strukturieren und Empfehlungen für die Bearbeitung im Fachunterricht zu geben. Dabei berücksichtigt er realistischerweise die Traditionen kooperierender Fächer und deren Fachdidaktiken. Der Lernbereich »Globale Entwicklung« schafft zugleich die Grundlagen für Vertiefungen und Schwerpunktsetzungen, sei es im Unterricht weiterer Fächer, sei es bei der fachübergreifenden und fächerverbindenden Organisation des Unterrichts oder bei der Entwicklung von Schulprofilen für Schulqualität, wie sie z. B. für die interne Evaluation oder die Schulinspektion genutzt werden.

Der Orientierungsrahmen für den Lernbereich »Globale Entwicklung« zielt auf die Grundschule, die Sekundarstufe I (Mittlerer Bildungsabschluss) und die Berufliche Bildung. Er versteht sich als offene Plattform für eine Ausdehnung auf die Sekundarstufe II.

Die Systematik des Orientierungsrahmens ermöglicht den Schulen eine bessere Beurteilung, wo Vertiefungen und Akzentsetzungen zweckmäßig sind, wo Projektunterricht und andere Lernformen den Unterricht und das Schulleben bereichern können und wo schulexterne Kompetenz im Rahmen der Öffnung von Schule Beiträge leisten kann.

Globale Entwicklung

Wie bereits bemerkt, haben sich die Arbeitsgruppen nach längerer Diskussion dafür entschieden, den Lernbereich künftig »Globale Entwicklung« zu nennen. Unter dem grundlegenden Aspekt der Nachhaltigkeit soll dieser Lernbereich alle Themen der Entwicklung und Umwelt behandeln, d. h. den gesamten Komplex der Globalisierung bei gleichzeitiger Beachtung der kulturellen Diversität. Diese Beschreibung des Gegenstandes des Orientierungsrahmens basiert auf den Beschlüssen des Weltgipfels von Rio (1992):

»Grundsatz 3
Das Recht auf Entwicklung muss so erfüllt werden, dass den Entwicklungs- und Umweltbedürfnissen heutiger und künftiger Generationen in gerechter Weise entsprochen wird.

Grundsatz 4
»Eine nachhaltige Entwicklung erfordert, dass der Umweltschutz Bestandteil des Entwicklungsprozesses ist und nicht von diesem getrennt betrachtet werden darf…«

Ein weiteres Fundament bilden die Beschlüsse des Weltgipfels von Johannesburg (2002): »Nachhaltige Entwicklung ist als neues Paradigma der Entwicklung aufgetaucht, welches wirtschaftliches Wachstum, soziale Entwicklung und Umweltschutz als voneinander abhängige und sich gegenseitig tragende Element einer langfristigen Entwicklung integriert.«

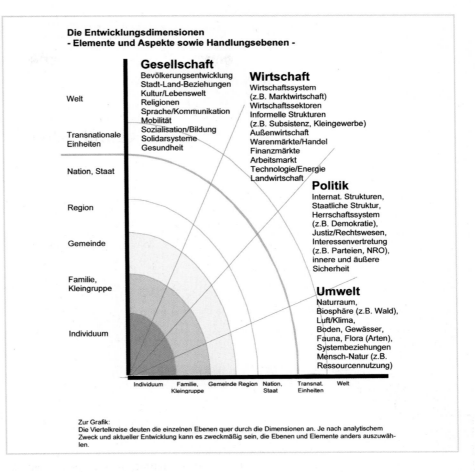

Die Entwicklungsdimensionen
- Elemente und Aspekte sowie Handlungsebenen -

Zur Grafik:
Die Viertelkreise deuten die einzelnen Ebenen quer durch die Dimensionen an. Je nach analytischem Zweck und aktueller Entwicklung kann es zweckmäßig sein, die Ebenen und Elemente anders auszuwählen.

Das dreidimensionale Leitbild der nachhaltigen Entwicklung – erweitert um die politische Dimension – wird in der oben dargestellten Grafik verdeutlicht.

Das Zusammenspiel dieser vier Entwicklungsdimensionen wird sich – wie die alltäglichen Erfahrungen zeigen – nicht ohne Zielkonflikte arrangieren lassen. Die Abbildung auf der folgenden Seite zeigt die Entwicklungsdimensionen mit ihren wichtigsten Aufgaben und Zielen. Die Pfeile deuten die Spannungsfelder bzw. Zielkonflikte zwischen jeweils zwei Entwicklungsdimensionen an. Für einen problemorientierten Unterricht ist die Kenntnis und Beachtung dieser möglichen Konfliktpotentiale von hoher Bedeutung.

Hilfe für den Unterricht

Der Orientierungsrahmen für den Lernbereich »Globale Entwicklung« bietet Hilfestellung für die Erarbeitung von Lehrplänen und schulischen Curricula, für die Gestaltung von Unterricht sowie für lernbereichsspezifische Anforderungen und deren Überprüfung. Die systematische Beschreibung der Lernziele und Lerninhalte in ihrer zeitlichen Abfolge und die methodisch-didaktische Umsetzung überlässt er den Lehrplänen und schulinternen Curricula, macht aber orientierende Aussagen zu den *Kompetenzen*, die Schülerinnen und Schüler erwerben sollen, den *Themen* und fachlichen Inhalten, die für den Erwerb dieser Kompetenzen wichtig oder geeignet sind und den *Leistungsanforderungen*, die erreicht und in konkreten Aufgaben überprüft werden sollen.

Alle drei Aspekte sind auf die *Bildungsziele des Lernbereichs* ausgerichtet und sollen sicherstellen, dass diese so weit wie möglich erreicht werden:

Bildung im Lernbereich »Globale Entwicklung« soll Schülerinnen und Schülern eine zukunftsoffene Orientierung in der zunehmend globalisierten Welt ermöglichen, die sie im Rahmen lebenslangen Lernens weiter ausbauen können. Unter dem Leitbild nachhaltiger Entwicklung zielt sie insbesondere auf grundlegende Kompetenzen für eine entsprechende

- Gestaltung des persönlichen und beruflichen Lebens,
- Mitwirkung in der eigenen Gesellschaft und
- Mitverantwortung im globalen Rahmen.

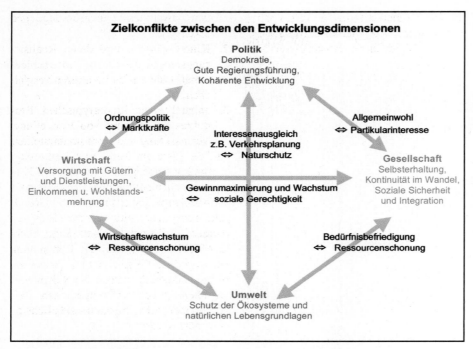

Zielkonflikte zwischen den Entwicklungsdimensionen

Politik
Demokratie,
Gute Regierungsführung,
Kohärente Entwicklung

Ordnungspolitik
⇔ Marktkräfte

Allgemeinwohl
⇔ Partikularinteresse

Interessenausgleich
z.B. Verkehrsplanung
⇔ Naturschutz

Wirtschaft
Versorgung mit Gütern
und Dienstleistungen,
Einkommen u. Wohlstands-
mehrung

Gesellschaft
Selbsterhaltung,
Kontinuität im Wandel,
Soziale Sicherheit
und Integration

Gewinnmaximierung und Wachstum
⇔ soziale Gerechtigkeit

Wirtschaftswachstum
⇔ Ressourcenschonung

Bedürfnisbefriedigung
⇔ Ressourcenschonung

Umwelt
Schutz der Ökosysteme und
natürlichen Lebensgrundlagen

Während sich die Bildungsziele des Lernbereichs »Globale Entwicklung« in der gesellschaftlichen, wissenschaftlichen und politischen Auseinandersetzung mit dem globalen Wandel herausbilden, knüpft die Formulierung der Kompetenzen, Themen und Leistungsanforderungen an praktische Erfahrungen verschiedener Fächer und fachübergreifender Unterrichtsvorhaben an.

Die fachdidaktischen Zugänge zum Lernbereich »Globale Entwicklung« werden für die folgenden Bildungsbereiche, Fachbereiche und Fächer dargestellt: Grundschule (vor allem Sachunterricht), Biologie und Naturwissenschaften, Geographie, Politische Bildung, Ökonomische Bildung, Religion/Ethik und Berufliche Bildung.

Entsprechend dem ursprünglichen Schwerpunkt des Projektes »Eine Welt in der Schule« wird nun am Beispiel der Grundschule erläutert, wie der Orientierungsrahmen bezogen auf Kompetenzen, Themen und Leistungsanforderungen, wie sie am Ende des vierten Schuljahres beherrscht werden sollen, konkrete Orientierungshilfen bietet.

Sachunterricht und weitere Fächer

In der Grundschule finden sich die meisten thematischen Anknüpfungspunkte für den Lernbereich »Globale Entwicklung« im Sachunterricht bzw. Heimat- und Sachunterricht (Bayern) sowie in der Evangelischen und der Katholischen Religionslehre bzw. im Ethikunterricht, aber auch im Fach Deutsch bzw. Deutsch als Fremdsprache, bisweilen auch in den Fächern der Ästhetischen Erziehung: Kunst, Musik, Sport, Textilarbeit, Werken. Selbst das Fach Mathematik kann in einen fachübergreifenden bzw. fächerverbindenden Unterricht im Lernbereich »Globale Entwicklung« einbezogen werden.

Die Themen des Lernbereichs »Globale Entwicklung«, die sich in den Grundschullehrplänen der 16 Länder finden (s. u. a. Knörzer 2006), lassen sich folgenden drei Auswahlkriterien zuordnen:

● ***Zusammenleben in unserer Gesellschaft unter besonderer Berücksichtigung der Solidarität mit Minderheiten***

● ***Leben in fremden Ländern: Alltag anderswo***

● ***Vernetzungen zwischen hier und anderswo: Lernen von fremden Kulturen***

Kern- und Teilkompetenzen Klasse 4

Die von den Arbeitsgruppen des Projektes ausgewählten Kernkompetenzen – elf an der Zahl – gelten für alle Bildungsbereiche, Fachbereiche und Fächer. Sie beschreiben im Sinne der Definition von Weinert (2001, S. 271 f.) »die bei Individuen verfügbaren oder von ihnen erlernbaren kognitiven Fähigkeiten und Fertigkeiten, bestimmte Probleme zu lösen, sowie die damit verbundenen motivationalen, volitionalen und sozialen Bereitschaften und Fähigkeiten, um Problemlösungen in variablen Situationen erfolgreich und verantwortungsvoll nutzen zu können.«

Um ein analytisch einfach handhabbares Kompetenzmodell zu bekommen, werden die einzelnen Kernkompetenzen drei Kompetenzbereichen zugeordnet, die in der Unterrichtsrealität immer ineinander greifen:

● **Erkennen**
1. Informationsbeschaffung und -verarbeitung
2. Erkennen von Vielfalt
3. Analyse des globalen Wandels
4. Unterscheidung gesellschaftlicher Handlungsebenen

● **Bewerten**
5. Perspektivenwechsel und Empathie
6. Kritische Reflexion und Stellung-nahme
7. Beurteilen von Entwicklungsmaßnahmen

● **Handeln**
8. Solidarität und Mitverantwortung
9. Verständigung und Konfliktlösung
10. Handlungsfähigkeit im globalen Wandel
11. Partizipation und Mitgestaltung

Die Arbeitsgruppe »Grundschule« hat in langwierigen Diskussionen und Auseinandersetzungen diesen allen Fachgruppen vorgegebenen elf Kernkompetenzen jeweils bis zu vier Teilkompetenzen zugeordnet, die sich bei Grundschülerinnen und -schülern am Ende der vierten Klasse auf einem mittleren Leistungsniveau nachweisen lassen sollen Ⓜ.

An einem Beispiel soll der Zusammenhang von Kernkompetenz und Teilkompetenzen aufgezeigt werden.

Die 4. Kernkompetenz im Bereich »Erkennen« lautet: Unterscheidung gesellschaftlicher Handlungsebenen.

Die Schülerinnen und Schülern können gesellschaftliche Handlungsebenen, vom Individuum bis zur Weltebene, in ihrer jeweiligen Funktion für Entwicklungsprozesse erkennen.

Heruntergebrochen auf das Niveau von Grundschulkindern lauten die drei zugeordneten Teilkompetenzen:

Aufgaben:

1. Trage in das Arbeitsblatt ein, was mit deinem T-Shirt an den fünf Stationen seiner Reise geschieht.
2. Trage in das Arbeitsblatt die Erdteile ein, in denen diese fünf Tätigkeiten stattfinden.
3. Die Näherin (und ihre Familie) kann von 20 Cent in der Stunde nicht leben. Untersuche, was damit gemeint sein könnte und schreibe einige Folgen (in Sätzen) auf.
4. Stell dir vor, was es für Kleidungsverkäuferinnen in Afrika bedeutet, wenn unsere T-Shirts als Kleiderspende in ihr Land kommen. Schreib mögliche Folgen in einigen Sätzen auf.
5. Schlage eine sinnvolle Möglichkeit vor, was wir hier bei uns tun können, damit die Menschen, die unsere T-Shirts herstellen, höhere Löhne bekommen. Begründe deinen Vorschlag.

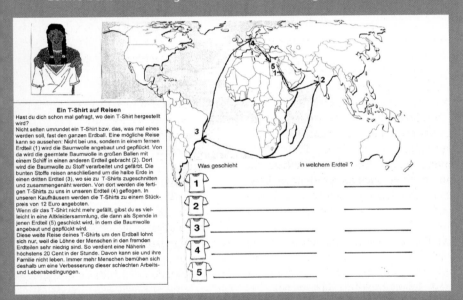

Ein T-Shirt auf Reisen
Hast du dich schon mal gefragt, wo dein T-Shirt hergestellt wird?
Nicht selten umrundet ein T-Shirt bzw. das, was mal eines werden soll, fast den ganzen Erdball. Eine mögliche Reise kann so aussehen: Nicht bei uns, sondern in einem fernen Erdteil (1) wird die Baumwolle angebaut und gepflückt. Von da wird die geerntete Baumwolle in großen Ballen mit einem Schiff in einen anderen Erdteil gebracht (2). Dort wird die Baumwolle zu Stoff verarbeitet und gefärbt. Die bunten Stoffe reisen anschließend um die halbe Erde in einen dritten Erdteil (3), wo sie zu T-Shirts zugeschnitten und zusammengenäht werden. Von dort werden die fertigen T-Shirts zu uns in unseren Erdteil (4) geflogen. In unseren Kaufhäusern werden die T-Shirts zu einem Stückpreis von 12 Euro angeboten.
Wenn dir das T-Shirt nicht mehr gefällt, gibst du es vielleicht in eine Altkleidersammlung, die dann als Spende in jenen Erdteil (5) geschickt wird, in dem die Baumwolle angebaut und gepflückt wird.
Diese weite Reise deines T-Shirts um den Erdball lohnt sich nur, weil die Löhne der Menschen in den fremden Erdteilen sehr niedrig sind. So verdient eine Näherin höchstens 20 Cent in der Stunde. Davon kann sie und ihre Familie nicht leben. Immer mehr Menschen bemühen sich deshalb um eine Verbesserung dieser schlechten Arbeits- und Lebensbedingungen.

Was geschieht — in welchem Erdteil?

1 _____   _____
2 _____   _____
3 _____   _____
4 _____   _____
5 _____   _____

Erwartungshorizont (Mittleres Niveau)

1. Die Tätigkeiten an vier der fünf Stationen des T-Shirts wurden richtig eingetragen.
2. Drei Erdteile wurden richtig eingetragen.
3. Drei der folgenden (bzw. weiteren) Konsequenzen wurden dem Sinne nach genannt:
   a) Die Näherin muss (sehr) lange arbeiten.
   b) Die Familienmitglieder / Kinder müssen mitverdienen.
   c) Die Näherin und ihre Familie haben zu wenig zu essen bzw. eine schlechte Ernährung.
   d) Die Kinder können nicht zur Schule gehen.
   e) Bei Krankheit kann sich die Familie keinen Arzt bzw. keine Medikamente leisten.
4. Die mögliche negative Auswirkung wird grundsätzlich erkannt und mit wenigstens einer konkreten Folge benannt (z.B. Preisverfall, Einnahmeverlust, Probleme für die Näherin und ihre Familie).
5. Der gemachte Vorschlag (z.B.: fair gehandelte T-Shirts kaufen; Projekte/Aktionen für diese Menschen unterstützen) ist einigermaßen sinnvoll und wenigstens ansatzweise richtig begründet.

1. Die Schülerinnen und Schüler können Wünsche und deren Realisierungsmöglichkeiten in Abhängigkeit von den jeweiligen Lebensbedingungen erkennen,
2. Kinderwünsche und deren Realisierungsmöglichkeiten in unterschiedlichen Ländern und Kulturen vergleichen,
3. anhand eines kindertypischen Produktes den Verlauf von Herstellung, Vermarktung und Konsum darstellen.

Auf die Liste der Kern- und Teilkompetenzen folgt eine Übersicht von zehn Themenbereichen des Lernbereichs »Globale Entwicklung«, jeweils mit für die Grundschule möglichen und typischen Beispielthemen. Selbstverständlich kann nicht jede Teilkompetenz bei der Behandlung eines jeden Beispielthemas erworben werden. Deshalb werden bei jedem Beispielthema die Teilkompetenzen hervorgehoben, die am wahrscheinlichsten gefördert werden Ⓜ.

Ein Beispiel soll wiederum den Gebrauch dieser Übersicht verdeutlichen:

Dem Themenbereich »Globalisierung von Wirtschaft und Arbeit«, der selbstverständlich auch in den Fächern der Sekundarstufe I behandelt wird, ist in der Übersicht das grundschulspezifische Beispielthema »Ein T-Shirt auf Reisen« zugeordnet. Die wichtigste Teilkompetenz, die Kinder mit Hilfe dieses Themas erwerben können, ist die Teilkompetenz 4.3 (s. oben: 4 = Kernkompetenz, 3 = Teilkompetenz: anhand eines kindertypischen Produktes …).

Aufgabenbeispiel

Etwas ausführlicher soll hier das nebenstehende Aufgabenbeispiel dargestellt werden, mit dessen Hilfe überprüft werden kann, ob die Schülerinnen und Schüler die dem Thema zugeordneten Teilkompetenzen erworben haben.

Das Aufgabenbeispiel »Ein T-Shirt auf Reisen« (Klasse 4) setzt voraus, dass die Kinder im Unterricht die Lebens- und Arbeitsbedingungen von Menschen in einem so genannten Entwicklungsland kennen gelernt haben. An wenigstens einem alltäglichen Produkt sollte die Herstellung in einem Entwicklungsland beispielhaft untersucht und die Möglichkeit des Kaufs fair gehandelter Produkte angesprochen worden sein. Ebenso sollten die Orientierung auf einem Globus oder einer Weltkarte geübt und einfache wirtschaftliche Zusammenhänge den Kindern bekannt sein: z.B. Einkaufen auf dem Markt, Preise.

Ein Wechsel auf die Zukunft

Am 14. Juni 2007 hat die Kultusministerkonferenz gemeinsam mit dem Bundesministerium für wirtschaftliche Zusammenarbeit und Entwicklung den Orientierungsrahmen für den Lernbereich »Globale Entwicklung« auf einer Pressekonferenz der Öffentlichkeit vorgestellt und damit als offizielles Papier beider Institutionen bestätigt.

Welche Erwartungen und Zukunftshoffnungen sich mit dieser bisher umfangreichsten Darstellung des Lernbereichs »Globale Entwicklung« in einer offiziell gebilligten Version verbinden, kann man den Vorworten der höchsten Amtsträger beider Institutionen entnehmen.

Der Präsident der Kultusministerkonferenz, der Berliner Kultussenator Prof. Dr. E. Jürgen Zöllner, schreibt u. a.: »Im Zeitalter der Globalisierung rückt die Welt zusammen. Die Auswirkungen globaler Veränderungen beeinflussen unser Leben unmittelbar. Das gilt besonders augenfällig für die Folgen der Klimaveränderung und wirtschaftlicher Prozesse ... Wer über solche Zusammenhänge nichts weiß, wird heute Schwierigkeiten haben, die Welt um sich herum zu begreifen. Wer gar nicht in solchen Zusammenhängen denken kann, ist auf das Leben unzulänglich vorbereitet und wird sich kaum gestaltend einmischen können. Schule muss Kindern und Jugendlichen diese komplexen Zusammenhänge nahe bringen, muss sie vorbereiten, ihnen Informationen vermitteln und sie zum Nachdenken bringen.«

Die Bundesministerin für wirtschaftliche Zusammenarbeit und Entwicklung, Frau Heidemarie Wieczorek-Zeul, bekräftigt in ihrem Vorwort die Aussagen und Perspektiven der KMK. Sie begrüßt die Projektpartnerschaft ihres Ministeriums mit der KMK zur Erarbeitung des vorliegenden Orientierungsrahmens: »Diesem Ansinnen sind wir gerne nachgekommen, weil es eine vorzügliche Gelegenheit darstellte, die schulische entwicklungspolitische Bildung im Rahmen der Bildung für nachhaltige Entwicklung zu fördern.«

Die Ministerin beschließt ihr Vorwort mit der Hoffnung auf Fortsetzung der gemeinsamen Arbeit: »Wir sind selbstverständlich gerne bereit, die vertrauensvolle und konstruktive Zusammenarbeit mit den Bildungsinstitutionen der Bundesländer und der KMK fortzusetzen.«

Auch für das Projekt »Eine Welt in der Schule« ist die offizielle Präsentation des Orientierungsrahmens für den Lernbereich »Globale Entwicklung« ein Meilenstein.

Einerseits wird die bisherige Projektarbeit eindrucksvoll bestätigt, andererseits kann man für die Zukunft hoffen, dass immer mehr Lehrerinnen und Lehrer bzw. auch Schulen bereit sind, dem Lernbereich »Globale Entwicklung« im Unterricht bzw. im Schulprogramm einen gebührenden Platz einzuräumen.

Der Orientierungsrahmen kann von unserer Webseite heruntergeladen werden Ⓜ.

Tagungsaufruf

Vom 09. bis 10.11.2007 führt das Projekt »Eine Welt in der Schule« eine überregionale Lehrerfortbildungstagung für Lehrerinnen und Lehrer der Grundschule und der Sekundarstufe I in der CJD in Bonn durch. Zu dieser Tagung möchten wir Sie hiermit herzlichst einladen! Eine Arbeitsgruppe wird sich mit dem Klimawandel auseinander setzen.

Das Thema der anderen Arbeitsgruppe können Sie ab Ende August unserer Homepage entnehmen.

Ziel unseres Projektes ist es, praxiserprobte Unterrichtsbeispiele zu entwickeln, die Schülerinnen und Schülern Einsichten über die unterschiedlichen Lebensbedingungen der Menschen in der »Einen Welt« vermitteln und so einen Beitrag zur Völkerverständigung leisten. An der Mitarbeit interessierte Kolleginnen und Kollegen sind herzlich eingeladen. Bitte wenden Sie sich an folgende Anschrift:

Projekt »Eine Welt in der Schule«
Universität Bremen
Fachbereich 12
Postfach 330440
28334 Bremen
www.weltinderschule.uni-bremen.de

Literatur

GESELLSCHAFT FÜR DIDAKTIK DES SACHUNTERRICHTS (GDSU): Perspektivrahmen Sachunterricht. Bad Heilbrunn 2002

KNÖRZER, M.: Bestandsaufnahme zum Sachunterricht an Grundschulen hinsichtlich Zugängen zu nachhaltiger Entwicklung, Umwelt, Globalisierung und interkulturellem Lernen. Lehrplananalysen der deutschen Länder. 2006

KNÖRZER, M.: Konzeptionelle Überlegungen zu einer nachhaltigen Bildung in der Grundschule. In: SEYBOLD, H., RIESS, W. (Hrsg.): Bildung für eine nachhaltige Entwicklung in der Grundschule. Methodologische und konzeptionelle Überlegungen, Schwäbisch Gmünd 2002: Gmünder Hochschulschriften, Bd. 22, S. 177–184

KONFERENZ DER KULTUSMINISTER DER LÄNDER (KMK) / BUNDESMINISTERIUM FÜR WIRTSCHAFTLICHE ZUSAMMENARBEIT UND ENTWICKLUNG (BMZ): Orientierungsrahmen für den Lernbereich Globale Entwicklung im Rahmen einer Bildung für nachhaltige Entwicklung. Bonn 2007

MEIER R., UNGLAUBE, H., FAUST-SIEHL, G. (Hrsg.): Sachunterricht in der Grundschule. Grundschulverband – Arbeitskreis Grundschule e. V., Frankfurt/M. 1997

SCHMITT, R., PAHL, A., BRÜNJES, W. (Hrsg.): Eine Welt in der Schule. Grundschulverband – Arbeitskreis Grundschule e. V., Frankfurt/M. 2005

SCHMITT, R. (Hrsg.): Eine Welt in der Schule. Klasse 1–10. Grundschulverband – Arbeitskreis Grundschule e. V., Frankfurt/M.1997

SCHMITT, R.: Kinder und Ausländer. Einstellungsänderung durch Rollenspiel – eine empirische Untersuchung. Braunschweig 1979

WEINERT, F.E.: Leistungsmessungen in Schulen. Beltz, Weinheim 2001

Impressum

Eine Welt in der Schule
Projekt des Grundschulverbandes – Arbeitskreis Grundschule e. V.

Einzelheft und Beiheft zu den Zeitschriften

PÄDAGOGIK
Julius Beltz GmbH & Co. KG,
Am Hauptbahnhof 10, 69469 Weinheim

GRUNDSCHULE AKTUELL
Grundschulverband – Arbeitskreis Grundschule e. V.
Niddastr. 52, 60329 Frankfurt/Main

GRUNDSCHULMAGAZIN
GRUNDSCHULUNTERRICHT
SCHULMAGAZIN 5 BIS 10
Oldenbourg Schulbuchverlag GmbH
Rosenheimer Str. 145, 81671 München

PRAXIS SCHULE 5 BIS 10
Westermann Schulbuchverlag
Helmstedter Str. 99, 38126 Braunschweig

Gefördert durch das Bundesministerium für wirtschaftliche Zusammenarbeit und Entwicklung

Erscheinungsweise: vierteljährlich

Herausgabe und Redaktion:
Prof. Dr. Rudolf Schmitt
Andrea Pahl
Wolfgang Brünjes

Universität Bremen, FB 12, Postfach 33 04 40,
28334 Bremen, Tel. 04 21 / 218-29 63

homepage: www.weltinderschule.uni-bremen.de
E-Mail: einewelt@uni-bremen.de

Schlussredaktion, Layout, Satz und Herstellung:
novuprint, 30161 Hannover

Druck: Möller-Druck, Berlin

M3 *HIV-Infektionen weltweit Ende 2003*

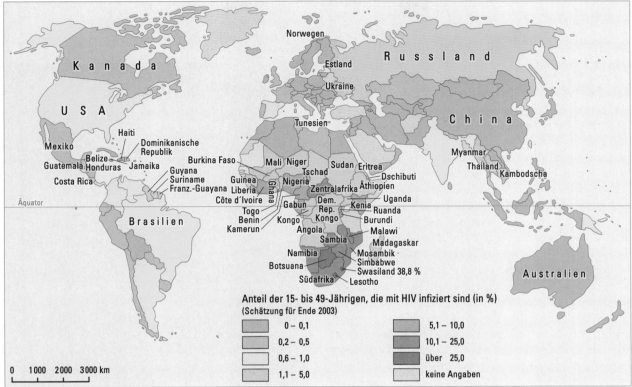

Nach Stuttgarter Zeitung vom 07. 07. 2004

Die Ursache von Aids ist nicht die Armut als solche. Unübersehbar ist jedoch der enge Zusammenhang zwischen der Ausbreitung der Krankheit und den Indikatoren für die menschliche Entwicklung. Der Zusammenhang von Armut und Aids wird konkret auf mindestens drei Ebenen deutlich:

1. Behandlung: Die Kosten sind zwischen 1998 und 2001 dank der patentfreien, chemisch mit dem Original identischen Generika zwar gesunken. Doch die Zahl der zu behandelnden Personen ist gewaltig, und jeder zweite Afrikaner muss mit weniger als einem Dollar pro Tag auskommen.

2. Regionen mit hohem Risiko: In Afrika sind die Gebiete mit großer Armut zugleich die, in denen sich Aids rasant ausbreitet: Elendsviertel in städtischen Ballungsräumen, Bergbausiedlungen und große Industriegelände, Regionen mit bewaffneten Konflikten und Flüchtlingslagern.

3. Frauen: Junge Afrikanerinnen sind von der Epidemie besonders stark betroffen. Von 26 Millionen infizierten Erwachsenen sind 15 Millionen Frauen. Die Prävalenzrate (Zahl der Erkrankten im Verhältnis zu den untersuchten Personen) bei Frauen unter 25 Jahren liegt erschreckend hoch. Diese Diskriminierung ist u. a. eine Folge der schieren Not, die Frauen abhängig macht von den Männern und sie oft in die Prostitution treibt. ..."

Le Monde diplomatique (Hrsg.): Atlas der Globalisierung. Berlin: taz, Verlags- und Vertriebs GmbH 2003, S. 184f.

M4 *Anzahl der mit HIV infizierten Menschen, weltweit*

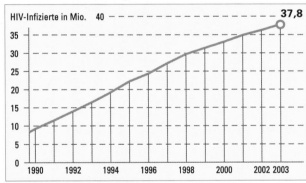

Nach Stuttgarter Zeitung vom 07. 07. 2004

1 Ordnen Sie die im gesamten Kapitel 6 angeführten Ursachenkomplexe und Fallbeispiele in das Ursachenraster (M1, S. 22) ein.

2 Aktualisieren Sie anhand von Medienberichten und folgender Web-Adressen die Karte M2, S. 23: www.hiik.de; www.akuf.de

3 Erarbeiten Sie Ursachen und Folgen des Bürgerkriegs im Sudan.

4 Untersuchen Sie anhand aktueller Medienberichte die Situation in Afghanistan.

5 „Aids ist zugleich Ursache und Folge von Armut". Erklären Sie diese Aussage anhand eines Wirkungsgeflechts.

6 Leiten Sie aus diesem Wirkungsgeflecht mögliche Gegenmaßnahmen ab.

6.3 Bedrohung von Kleinbauern durch Globalisierung: Beispiel Baixo Alegre / Brasilien

↓ „Die kleinbäuerlichen Familien aus Baixo Alegre, einer kleinen Siedlung nahe der bolivianischen Grenze, gehören zweifellos zu den Verlierern der Globalisierungseinflüsse. Die Siedlung ist umgeben von einer mittel- bis großbetrieblichen Rinderweidewirtschaft, die über die Schlachthöfe der Region ihr Fleisch auf dem nationalen und internationalen Markt verkauft. Bis in die 80er Jahre hinein war das Gebiet noch von einer boomenden Grundnahrungsmittel- und Kaffeeproduktion, die von Siedlern getragen wurde, die in den 60er- und 70er-Jahren im Zuge zahlreicher kleinbäuerlicher Agrarkolonisationsprojekte in die Region gekommen waren. Ökologische Degradierung, Produktivitätsrückgang und Vermarktungsprobleme zwangen die meisten Kleinbauern aber nach kurzer Zeit zur Umstellung ihrer Betriebe auf Milchviehhaltung oder – wenn die Flächen zu klein dafür waren – zur Abwanderung in die Städte.

Nach dieser Umkehrung der Strukturen von einer ackerbaulichen zu einer viehwirtschaftlichen Region konnten sich nur wenige kleinbäuerliche Siedlungen – darunter auch Baixo Alegre – behaupten. ...

In den Anfangszeiten bauten sie Grundnahrungsmittel wie Reis, Mais und Bohnen an. Bei zufriedenstellender Produktivität und staatlich subventionierten Preisen konnten die Familien auf ihren nur 5–10 ha großen Flächen ihren Eigenbedarf decken und durch den Verkauf des Überschusses ein ausreichendes Einkommen erwirtschaften. Allerdings setzen aufgrund der vorherrschenden sandigen Böden bereits nach wenigen Jahren in den Hangbereichen eine rasch fortschreitende Bodenerosion ein, sodass die Mehrzahl der Familien Weidegräser aussäen musste, um die Erosion zu stoppen. Mangels Kapital war es den meisten aber nicht möglich, qualitativ hochwertiges Milchvieh zu kaufen, um den Ackerbau durch Viehhaltung zu ersetzen. Viele Bauern pachteten deshalb bei benachbarten Rinderzuchtbetrieben einige Tiere ... .

Hierbei handelte es sich aber um die ausschließlich zur Fleischproduktion geeignete Rinderrasse Nelore, sodass die Produktivität bei maximal 2–3 l Milch pro Tag und Tier lag. Dennoch konnte der Verkauf der Milch an die in der Region inzwischen entstandene Milchkooperative wenigstens ein geringfügiges monetäres Einkommen sichern.

Seit den 90er-Jahren steht diese Überlebensökonomie unter verstärktem Globalisierungsdruck. Mit dem Aufbau der drei großen Schlachthöfe in der Region und der damit verbundenen Integration der regionalen Rindermast in die globalen Märkte wurden die kleinbäuerlichen Siedler aus den wirtschaftlich günstigen Lagen verdrängt. In den flacheren Talbereichen von Baixo Alegre gaben zahlreiche Kleinbauern ihre Betriebe auf und verkauften sie an die benachbarten Großgrundbesitzer.

M1 *In landwirtschaftliche Ungunstgebiete abgedrängte Kleinbauern*

Lediglich in schwer zugänglichen, steilen und für die moderne auf Kunstweide basierende Rindermast ungeeigneten Seitentälern konnten sich die kleinbäuerlichen Betriebe zunächst halten (M1 und M2).

Aber bereits Mitte der 90er-Jahre bekamen auch diese Familien die wachsenden Globalisierungseffekte zu spüren: Einerseits kamen über die verbesserten Fernstraßenverbindungen billig von Großbetrieben in anderen brasilianischen Agrargebieten produzierte Grundnahrungsmittel in die Region und machten die kleinbäuerliche Produktion von Reis, Mais und Bohnen unrentabel. Andererseits war die regionale Milchkooperative durch die Öffnung der Agrarmärkte für billige Nahrungsmittelimporte gezwungen, die Produzentenpreise drastisch zu senken, denn ein italienischer Lebensmittelkonzern brachte Milchprodukte zu Dumpingpreisen auf den Markt. Der damit verbundene Verlust monetären Einkommens zwang die Familien dazu, sich wieder in die Subsistenzproduktion zurückzuziehen. Gerade der Anbau einjähriger Kulturen wie Reis, Mais und Bohnen in den Hangbereichen führte zu einer weiteren Degradierung ihrer einzig verfügbaren Ressource Land (M2).

Neben der zunehmenden Verarmung litten die Familien von Baixo Alegre auch unter den Folgen der Deregulierung. Der Rückzug des Staates brachte wie in vielen anderen Ländern auch in Brasilien eine Verknappung öffentlicher Gelder mit sich. Besonders die Kommunen mussten

M2 *Ökologische Degradierung in Baixo Alegre*

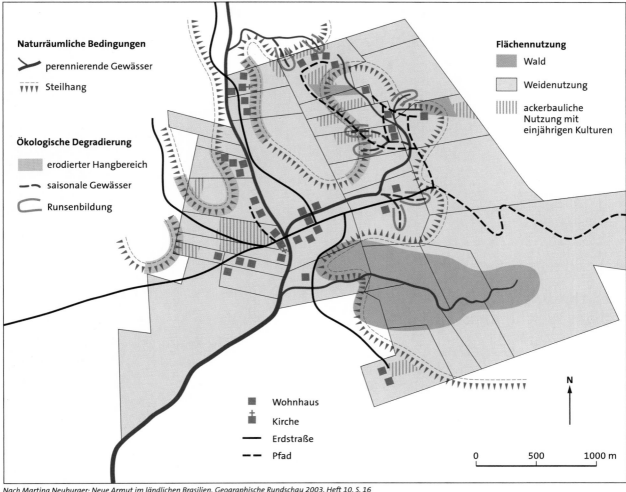

Naturräumliche Bedingungen

perennierende Gewässer

Steilhang

Ökologische Degradierung

erodierter Hangbereich

saisonale Gewässer

Runsenbildung

Flächennutzung

Wald

Weidenutzung

ackerbauliche Nutzung mit einjährigen Kulturen

Wohnhaus

Kirche

Erdstraße

Pfad

0   500   1000 m

N

Nach Martina Neuburger: Neue Armut im ländlichen Brasilien. Geographische Rundschau 2003, Heft 10, S. 16

daraufhin Einsparungen in fast allen sozialen Bereichen durchsetzen. Gesundheitseinrichtungen wurden nicht dem Bedarf entsprechend erweitert, Schulen im ländlichen Raum geschlossen und die Sanierung von Straßen in kommunaler Trägerschaft, die besonders in ländlichen Regionen unter dem Starkregen der Regenzeit litten, vernachlässigt. Genau dies geschah auch in Baixo Alegre, sodass für die Familien der Zugang zu Bildungs- und Gesundheitseinrichtungen sowie der Vermarktung der noch wenigen verbleibenden Produkte erschwert wurde.

Am dargestellten Beispiel wird die Funktionsweise des ‚global-local-interplay‘ in seinen negativen Auswirkungen deutlich. Die Familien von Baixo Alegre werden als Folge der Globalisierung aus den wirtschaftlichen, gesellschaftlichen und sozialen Bereichen zunehmend ausgegrenzt. Der Rückzug in die Subsistenzwirtschaft ist neben der Abwanderung in die Stadt in dieser Situation eine der wenigen realisierbaren Überlebensstrategien.“

Martina Neuburger: Neue Armut im ländlichen Brasilien. Kleinbäuerliche Familien in einer globalisierten Welt. In: Geographische Rundschau 2003, H.10, S. 15ff.

1 Informieren Sie sich mithilfe entsprechender Atlaskarten über die natur- und wirtschaftsräumliche Situation der im Mato Grosso gelegenen Siedlung Baixo Alegre.
2 Erklären Sie Bedrohungsfaktoren der kleinbäuerlichen Landwirtschaft in diesem Raum.
3 Erläutern Sie – ausgehend vom Fallbeispiel Baixo Allegre – ökologische Folgen der neuen Armut im ländlichen Brasilien.
4 Erörtern Sie mögliche Maßnahmen zur Existenzsicherung der kleinbäuerlichen Betriebe.

M1 Preisentwicklung bei wichtigen Rohstoffen

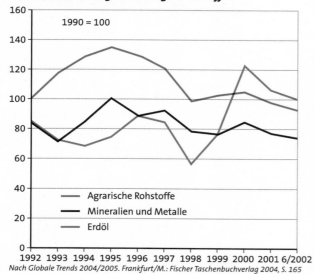

1990 = 100

— Agrarische Rohstoffe
— Mineralien und Metalle
— Erdöl

1992 1993 1994 1995 1996 1997 1998 1999 2000 2001 6/2002

Nach Globale Trends 2004/2005. Frankfurt/M.: Fischer Taschenbuchverlag 2004, S. 165

6.4 Strukturen der Weltwirtschaft und des Welthandels

Beim Welthandel dominieren nach wie vor die Industrieländer. Zwar konnten seit Ende des 20. Jahrhunderts einige „Newly Industrializing Countries" (NICs) vor allem im südostasiatischen Raum beachtliche Erfolge beim Aufbau einer eigenen Industrie aufweisen und dementsprechend ihre Exportanteile erhöhen. Insgesamt ist aber der sekundäre Sektor in vielen Entwicklungsländern noch zu wenig konkurrenzfähig, sodass diese Staaten nach wie vor auf den Export von mineralischen bzw. landwirtschaftlichen Rohstoffen und den Import von Industriegütern angewiesen sind. Wegen ihrer noch wenig diversifizierten Produktion sind viele dieser Länder von der Ausfuhr eines einzigen Rohstoffes abhängig. Derartige Monostrukturen sind ein Erbe der Kolonialzeit, in der die Industrienationen ihren Kolonien eine komplementäre Arbeitsteilung (Export von Rohstoffen im Austausch gegen importierte Industriewaren) aufzwangen. Diese Strukturen behinderten eine eigenständige Wirtschaftsentwicklung.

Ein weiteres Problem für die Rohstoff exportierenden Entwicklungsländer sind die seit einigen Jahrzehnten zu beobachtenden Schwankungen und insbesondere der Rückgang der Rohstoffpreise auf dem Weltmarkt. Um dringend benötigte Devisen zu erwirtschaften, sind viele dieser Länder aus Mangel an Alternativen gezwungen, ihr Angebot zu erhöhen, was wiederum den Preisverfall beschleunigt.

Darüber hinaus leidet die Wirtschaft vieler Entwicklungsländer darunter, dass ihre Exporte durch protektionistische Maßnahmen erschwert werden. Zum Schutz der eigenen Produktion erheben Industrieländer häufig hohe Zölle oder erlassen nur schwer erfüllbare Einfuhrbestimmungen.

M2 Exportabhängigkeit ausgewählter Entwicklungsländer im Jahr 2001

Land	Produkt	Exportanteil
Äthiopien	Kaffee	40 %
Benin	Baumwolle	60 %
Burundi	Kaffee	76 %
Elfenbeinküste	Kakao	36 %
Gambia	Erdnüsse	68 %
Ghana	Kakao	20 %
Guinea	Bauxit	46 %
Guinea-Bissau	Cashewnüsse	95 %
Jamaika	Aluminium	72 %
Kuba	Zucker	42 %
Liberia	Naturkautschuk	57 %
Malawi	Tabak	59 %
Mali	Gold	50 %
Niger	Uran	32 %
Paraguay	Sojabohnen	36 %
Ruanda	Tee	39 %
Sambia	Kupfer	49 %
Simbabwe	Agrargüter (v. a. Tabak)	45 %
Uganda	Kaffee	63 %

Mario von Baratta: Der Fischer Weltalmanach 2004. Frankfurt/Main: Fischer Taschenbuch Verlag

M3 Anteile am Welthandel 2001

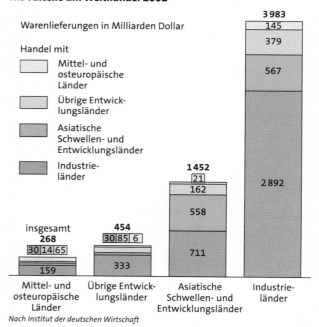

Warenlieferungen in Milliarden Dollar

Handel mit

- Mittel- und osteuropäische Länder
- Übrige Entwicklungsländer
- Asiatische Schwellen- und Entwicklungsländer
- Industrieländer

insgesamt

Mittel- und osteuropäische Länder	Übrige Entwicklungsländer	Asiatische Schwellen- und Entwicklungsländer	Industrieländer
268	454	1452	3983
30 14 65	30 85 6	21 162 558	145 379 567
159	333	711	2892

Nach Institut der deutschen Wirtschaft

M4 Auslandsschulden und Schuldendienst der Entwicklungsländer 1970 bis 2002 (in Mrd. US-$)

	1970	1980	1990	2000	2002
Schuldenstand	72,8	609,4	1458,4	2492,0	2441,1
Schuldendienst					
Tilgungen	6,8	44,5	93,5	272,1	259,7
Zinszahlungen	2,4	48,9	70,3	126,7	122,2

Ingomar Hauchler u. a. (Hrsg.): Globale Trends 2004/2005. Frankfurt/Main: Fischer Taschenbuch Verlag 2003, S. 147

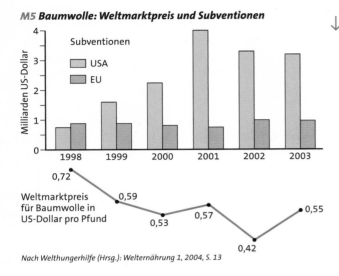

M5 Baumwolle: Weltmarktpreis und Subventionen

Weltmarktpreis
für Baumwolle in
US-Dollar pro Pfund

Nach Welthungerhilfe (Hrsg.): Welternährung 1, 2004, S. 13

„Sie ist klein, die Welt des Robert Akpanon, es liegt alles ganz nahe beieinander. Der Bauer steht an der Feuerstelle, an der seine Frau nachher den Maisbrei kochen wird, wie an den meisten Abenden. Er blickt auf seine Lehmhütte, in der es ein durchgelegenes Bett gibt, ein defektes Radio … . Am nächsten Morgen geht es auf die Baumwollfelder, auf denen der Bauer aus Benin seit seiner Kindheit arbeitet - etwas anderes kennt er nicht.

Vor einigen Jahren beschloss die US-Regierung, ihren Baumwollpflanzern den Weltmarkt zu erobern. Jeder der Betriebe im Süden des Landes kann im Schnitt mit 150 000 Dollar Subventionen rechnen – pro Ernte. Amerikanische Pflanzer wären ohne das staatliche Geld weniger konkurrenzfähig. Durch die Hilfen haben sie sich mehr als ein Drittel aller internationalen Exporte gesichert. Ihr Marktanteil wuchs, der Baumwollpreis fiel in den Keller.

In Robert Akpanons Dorf ohne Strom und fließend Wasser dreht sich alles um die Ernte der weißen Wattebüschel. Die Baumwolle bestimmt das Leben, der Preisverfall wirkt wie ein Erdbeben. Bekommen Akpanons Kinder wieder Malaria, wird das Geld ganz knapp. Der Bauer fühlt sich müde. Mit seinen 53 Jahren zählt er schon zu den sehr alten Menschen in Benin. Doch wegen der Krise kann er nicht daran denken, weniger zu arbeiten. Seine Probleme sind die eines ganzen Landes: Jeder dritte Beniner lebt direkt oder indirekt von dem Rohstoff für T-Shirts, Hosen und Handtücher.

Die Weltbank und die französische Regierung beschworen einst Benin, Mali und Burkina Faso, auf Baumwolle zu setzen. Das taten die Staaten. Nun leben 15 Millionen Westafrikaner im Würgegriff des Marktes. Es geht ihnen wie den Menschen in weltweit 50 Ländern, die von nur zwei oder drei Exportgütern abhängen, … – und oft schotten sich die Industriestaaten auch noch gegen die Erzeuger aus der Dritten Welt ab. Die Subventionen für westliche Landwirte belaufen sich auf 300 Milliarden Dollar, sechsmal so viel wie die gesamte Entwicklungshilfe. …"

Alexander Hagelüken: Auf der Schattenseite des Welthandels. Süddeutsche Zeitung vom 24.03.2004, S. 11

„Mike Moore, WTO-Generaldirektor, erklärte …, ein Abbau von Agrarsubventionen in Europa und den USA würde den Entwicklungsländern drei- bis fünfmal so viele Devisen bringen wie die gesamte internationale Hilfe. Ohne diese Handelshemmnisse in den Industriestaaten könne man die Armut in Afrika am effektivsten bekämpfen. Nach wie vor unterstützt auch die EU den Agrarexport finanziell, um eigene Überproduktion abzubauen. Seit große Mengen an Lebensmitteln nach Afrika, Asien und Osteuropa geliefert werden, ist von Fleischbergen, Milchseen und Getreidelagern kaum noch die Rede. Sophia Murphy (Agrarexpertin) kritisiert dieses Vorgehen: Die Union habe einen Großteil ihrer Überschüsse ‚auf dem Weltmarkt entsorgt und dadurch Überschüsse produziert, mit denen die Weltmarktpreise in den Keller gezogen werden'. Die Ausfuhren von Rindfleisch, Geflügel, Obstkonserven und anderen Produkten habe ‚die Entwicklungsländer nachweislich geschädigt. Sie machen den Produzenten auf ihren heimischen Märkten oder auf Märkten in Drittländern Konkurrenz'.

Zwar unterscheiden sich die Interessen der großen Agrarexporteure wie Argentinien, Australien, Brasilien oder Indien entscheidend von denen der Netto-Nahrungsmittelimporteure, zu denen etwa Kenia, Ägypten oder Burkina Faso gehören. Während Erstere auf einen Abbau aller Handelshemmnisse auf dem Agrarmarkt drängen, wollen Letztere ihre Kleinbauern durch Einfuhrzölle vor der erdrückenden Konkurrenz des Marktes schützen. Einig sind sich die Entwicklungsländer allerdings in ihrer Kritik an der Subvention der Landwirtschaft durch die Industriestaaten. Denn für die zum Teil hoch verschuldeten Exportnationen ist der Handel mit Getreide, Fleisch oder Früchten oft die einzige Chance, dringend benötigte Devisen ins Land zu holen. Und die meisten Importeure sehen durch die subventionierte Konkurrenz ihr Ziel gefährdet, eine eigenständige Landwirtschaft aufzubauen.

Gewinner eines einseitig subventionierten Weltagrarmarktes sind vor allem die großen landwirtschaftlichen Betriebe und die Nahrungsmittelkonzerne. Schon jetzt lässt sich eine Marktkonzentration feststellen; der internationale Reismarkt etwa wird zu 40 Prozent durch multinationale Unternehmen kontrolliert. Ähnliches gilt für Weizen, Mais und Soja. Nach Angaben der OECD erhält jeder Bauer in Japan, Europa und den USA durchschnittlich 20 000 US-Dollar an staatlichen Subventionen."

phan Günther: Trockenlegung der Milchseen. „Freitag" 30, 19.07.2002. http://www. freitag.de/2002/30/02300601.php

1 Erarbeiten Sie Auswirkungen der einseitigen Exportstruktur, der Rohstoffpreisentwicklung und der Verschuldung auf die Wirtschaft und den Lebensstandard in den Entwicklungsländern.

2 Untersuchen Sie die Agrarpolitik der Industrieländer aus verschiedenen Perspektiven (z. B. Landwirte und Verbraucher in Industrieländern, Produzenten und Regierungen in Entwicklungsländern).

7 Armut und ihre Folgen

Genau so komplex wie das Ursachengefüge sind auch die Folgen von Armut. In den meisten Fällen sind deren Auswirkungen gleichzeitig die Ursache für weitere Verarmung. So zwingt zum Beispiel der Überlebenskampf viele Kinder der Dritten Welt in ausbeuterische Arbeitsverhältnisse. Die Arbeit der Kinder gefährdet aber Verdienstmöglichkeiten von Erwachsenen. Armut verhindert Ausbildung bzw. Qualifikation, verschärft somit die Diskriminierung und behindert gleichzeitig die gesamtgesellschaftliche Entwicklung. Der Kampf um Nahrung führt häufig zu einer zerstörerischen Übernutzung natürlicher Ressourcen wie Vegetation und Böden. Die dadurch verursachten Umweltschäden wiederum entziehen der betroffenen Bevölkerung vollends ihre Lebensgrundlagen. Armut führt zum Kampf um Ressourcen wie Wasser, Ackerland, Weidegründe oder Bodenschätze, es entstehen Konflikte und Kriege. Deren Auswirkungen aber zerstören genau das, worum gekämpft wird: die Existenzgrundlagen.

7.1 Kinderarbeit, Kinderhandel und informeller Sektor

↓ *„Bolivien ist eine Art Musterschüler der internationalen Finanzinstitutionen und hat die auferlegten Wirtschaftsreformen schon in den 80er-Jahren vollzogen. Den Menschen hat es nichts genutzt. Ihr Land ist das ärmste Südamerikas. Unter diesen Bedingungen werden selbst Kinder als Ware gehandelt.*

Als Mariella acht Jahre alt war, wurde sie zum ersten Mal verkauft. Ihr Bruder übergab sie einer fremden Frau. Das war in der von vergangener kolonialer Pracht und aktueller Wirtschaftskrise gleichermaßen gezeichneten Stadt Potosí im bolivianischen Hochland. Das Mädchen wurde ins Hunderte Kilometer entfernte tropische Tiefland gebracht und dort ihrer neuen Besitzerin, einer Zementhändlerin übergeben. An die Geldscheine, die vor ihren Augen für sie gezahlt wurden, kann sie sich noch gut erinnern. ... Mariella erzählt hastig und ohne Pausen, um der aufkommenden Angst keinen Raum zu geben. Sie erzählt von Schlägen und Essen, ,das eigentlich für die Hunde war', von Tränen und von ... der endlosen Arbeit in Küche und Waschkammer. Nach einem Jahr ohne einen freien Tag ging nichts mehr. Das Kind war ausgebrannt und wurde zurückgeschickt.

Als Mariella zwölf war, begann allerdings ein neues Martyrium. Diesmal musste sie in einem Restaurant arbeiten. Dort unterstellte man ihr einen Diebstahl, um keinen Lohn zahlen zu müssen. Und als sie endlich frei kam, behielten ihre Ausbeuter die Geburtsurkunde. Deswegen kann Mariella – mittlerweile erwachsen – nicht heiraten, obwohl

sie schon Kinder hat und als Wäscherin in La Paz arbeitet. Vor der Polizei hat die Mestizin mehr Angst als Respekt, denn in Bolivien ist die Korruption allgegenwärtig, und Mariella ist arm. Deswegen ist sie auch ihren Eltern nicht böse, denn die ,konnten uns einfach nicht ernähren'."
Terre des hommes. www.tdh.medien/1_2003/kinderhandel_bolivien.htm

↓ *„Krasse materielle Armut ist die Hauptursache dafür, dass Kinder ihre Familien unterstützen müssen, um den gemeinsamen Lebensunterhalt zu sichern. Allerdings ist die Annahme falsch, dass Kinderarbeit beendet wird, wenn in einer Region die Wirtschaft wächst: Manchmal steigt dann die Kinderarbeit sogar enorm an – ein typisches Phänomen zum Beispiel in der Textilindustrie. Die Nachfrage nach billigen Arbeitskräften wächst – und wenn das in einer Region passiert, in der es schlechte oder zu wenig Schulen gibt, schicken Familien Kinder in die Fabriken.*
Terre des hommes geht davon aus, dass Armut nicht allein Ursache von Kinderarbeit ist, sondern dass umgekehrt Kinderarbeit Armut verursacht: In vielen Regionen und Branchen sind Erwachsene arbeitslos, Kinder aber schuften zu Hungerlöhnen. Zudem haben Kinder, die nie eine Schule besucht haben, keine Chance, je etwas anderes als Tagelöhner oder Hilfsarbeiter zu werden. ...

Hinter dem Begriff der Armut verstecken sich politische und ökonomische Faktoren, die erst durch ihr Zusammenwirken den Teufelskreis von Kinderarbeit und Ausbeutung schaffen:
- *Regierungen vernachlässigen Bildungssysteme. Es gibt viel zu wenig Schulen, die Lehrer sind schlecht ausgebildet, Schulgebühren schließen Kinder aus armen Familien vom Schulbesuch aus. ...*
- *Arbeitgeber stellen Kinder ein, weil sie dann noch niedrigere Löhne zahlen können ... .*
- *Behörden und Polizei sind entweder schwach oder korrupt: Sie sehen weg und verfolgen Straftäter nicht, die Kinder verkaufen und ausbeuten.*
- *Diskriminierung: In fast allen Gesellschaften werden bestimmte Menschen als minderwertig angesehen: Mädchen, ethnische und religiöse Minderheiten oder Flüchtlinge sind daher für jede Form der Ausbeutung besonders gefährdet.*
- *Auf Grund von Krieg und Gewalt lösen sich Familien und Gemeinschaften auf. Gesellschaften verelenden und brutalisieren sich. Jegliche Infrastruktur wird zerstört (Schulen, Krankenhäuser) und selbst kleine Kinder werden verkauft, ausgebeutet und geschunden.*
- *Besonders im südlichen Afrika steigt die Zahl der Kinderarbeiter und der von Kindern geführten Haushalte auf Grund von AIDS – die Elterngeneration ist erkrankt oder gestorben. Die Kinder müssen allein den Lebensunterhalt für sich und ihre Geschwister verdienen, wenn Großeltern oder Verwandte sie nicht aufnehmen können."*
terre des hommes (Hrsg.): Kinderarbeit – kein Kinderspiel. Osnabrück 2003, S. 3

M1 *Erwerbstätige Kinder (5 bis 14 Jahre) nach Regionen 2002*

Region	Anzahl in Mio.	Anteil an der globalen Gesamtzahl (in %)	Anteil an der regionalen Kinderpopulation (in %)
Entwickelte (Industrie-) Wirtschaften	2,5	1	2
Transformationswirtschaften	2,4	1	4
Asien/Pazifik	127,3	60	19
Lateinamerika und Karibik	17,4	8	16
Afrika südlich der Sahara	48,0	23	29
Mittlerer Osten und Nordafrika	13,4	6	15
Insgesamt	211,0	-	

International Labour Organization: ILO-Nachrichten 2, 2002

M2 *Sektorale Verteilung arbeitender Kinder 2002 in Prozent*

Land- und Forstwirtschaft	70,4
Verarbeitendes Gewerbe	8,3
Handel, Gaststätten- und Beherbergungsgewerbe	8,3
Öffentlicher Dienst, soziale und persönliche Dienstleistungen	6,5
Verkehr, Nachrichtenübermittlung	3,8
Baugewerbe	1,9
Bergbau, Gewinnung von Steinen, Erden	0,8

International Labour Organization: ILO-Nachrichten 2, 2002

Nach Angaben der „International Labour Organization" (ILO) sind weltweit 211 Millionen Kinder im Alter von 5–14 Jahren erwerbstätig. 186 Millionen von ihnen werden krass ausgebeutet, über 111 Millionen stehen in einem Arbeitsverhältnis, das als „gefährlich" einzustufen ist. Man muss sich fragen, in welcher Welt wir eigentlich leben, in der Kinder wie Sklaven stundenlang für ein mageres Essen schuften müssen und wie Sklaven gehandelt werden. Etwa zehn Prozent der Kinderarbeiter sind in Betrieben beschäftigt, die für den Weltmarkt produzieren, vorwiegend in Textilfabriken, Teppichmanufakturen, Steinbrüchen, auf Kakao- oder Kaffeeplantagen. Ihre Ausbeutung reicht so weit, dass vier von fünf Kindern keinen Lohn für ihre Arbeit erhalten, weil sie entweder unbezahlt in ihrer Familie schuften oder weil sie der Sklaverei bzw. Schuldknechtschaft unterliegen. In einigen Regionen sind Kinder sogar gezwungen, sich als Soldaten zu verdingen – eine besonders perfide Form der Ausbeutung (siehe S. 37).

Die überwiegende Mehrheit der Kinder arbeitet im so genannten „informellen Sektor", also dort, wo es weder Verträge noch Sozialleistungen gibt. „Informell" bedeutet, dass die formellen Satzungen der staatlichen Ordnung umgangen werden, um so „Nischen zum Überleben" zu finden. Besonders in den Elends- bzw. Marginalsiedlungen der großen Städte zeigen sich solche informellen Aktivitäten in nahezu allen Lebensbereichen: im Wohnungsbau, in den sozialen Diensten, in der Selbstverwaltung, in der Kommunikation, ja sogar in der Rechtsprechung.

Formalitäten können im wahrsten Sinne des Wortes für den Bewohner der Elendsviertel „tödlich" sein. Er kann z. B. nicht warten, bis ihm der Staat bzw. die Stadt die Erlaubnis für den Bau einer Hütte gewährt, und es dauert in der Regel viele Jahre, bis ein Armenviertel an das Wasser-, Abwasser- oder Stromnetz angeschlossen wird. Vielfach kann der Einzelne die Kosten hierfür ohnehin nicht aufbringen. Für das Heer der Armen ohne berufliche Ausbildung, für die Frauen und Kinder, die mithelfen müssen, den Unterhalt der Familie zu sichern, gehört die Arbeit im informellen Sektor zu den wenigen Einkommensmöglichkeiten. Insbesondere Kinder verdingen sich in den großen Städten als Schuhputzer, Zeitungsverkäufer, Lastenträger, Dienstmädchen, Boten usw. Es sind Versuche der Existenzsicherung in einem Bereich, in dem man weder Lizenzen besitzt noch Steuern bezahlt und der daher eigentlich illegal ist. Er schließt häufig auch kriminelle Handlungen wie Diebstahl oder Rauschgifthandel ebenso ein wie Prostitution oder Bettelei.

1 a) Informieren Sie sich mithilfe entsprechender statistischer Übersichten (z. B. Weltentwicklungsbericht) über die wirtschaftliche und soziale Situation in Bolivien.

b) Erläutern Sie vor diesem Hintergrund am Beispiel von Mariella die Folgen von Armut für Kinder.

2 Formulieren Sie als Ergebnis eines (fiktiven) Internationalen Treffens von Kinderarbeitern thesenartig 10 konkrete Forderungen. Vergleichen Sie diese mit der Kinderrechtskonvention von 1989 (S. 44).

3 Versetzen Sie sich in die Lage eines Mädchen/Jungen Ihres Alters im informellen Sektor einer Großstadt der Dritten Welt. Suchen Sie nach „Nischen zum Überleben".

31

7.2 Armutsflüchtlinge und Gastarbeiterwanderungen: Das Beispiel Schwarzafrika

M1 *Ali als Schuhputzer in Tripolis*

Stationen eines afrikanischen Schicksals

↓ „Ali, 14 Jahre, ist das dritte von insgesamt sieben Kindern einer Hirten- und Bauernfamilie im Osten von Mali. Als nach einigen Dürren die Weide- und Ackerflächen nicht mehr ausreichten, um die Familie zu ernähren, zog sein Vater als Tagelöhner nach Mopti, die nächstgelegene größere Stadt. Hier fand er Gelegenheitsjobs zunächst als Träger oder Zeitungsverkäufer. Die feste Anstellung als Nachtwächter auf dem Gelände einer Baumwollfabrik bot ihm ein sicheres Einkommen, sodass er seine gesamte Familie in die Stadt holte. Ali musste nun versuchen, als Schuhputzer etwas Geld für die Familienkasse zu verdienen.

Mit 18 Jahren nahm Ali seine wenigen Ersparnisse und bezahlte zusammen mit einigen Freunden einen ‚Vermittler', der sie auf verschlungenen Wegen in einer mehr-

wöchigen Tour – teils mit Lkw, teils zu Fuß – heimlich über die Grenzen bis nach Libyen brachte. In der Nähe der Stadt Sabha fand er in einer der dortigen Oasenkulturen eine Stelle als Helfer bei der Obst- und Gemüseernte. Während der Erntezeit verdiente er hier bei freier Unterkunft und Verpflegung bis zu 100 € im Monat. Außerhalb der Saison verdingte er sich als Bauarbeiter bzw. Tagelöhner. Er verdiente jetzt so viel, dass er einen Teil seiner Ersparnisse nach Mali schicken konnte, um dort seine Familie zu unterstützen.

Die Nachrichten, die Werbung, die Spielfilme im Fernsehen, die Bilder in den Zeitungen – all das ließ Ali die Länder nördlich des Mittelmeeres wie ein Paradies erscheinen. Und so schlug er sich nach zwei Jahren bis nach Tripolis durch, der Hauptstadt an der Küste. Hier verdient er nun als Schuhputzer manchmal bis zu 200 € im Monat. Aber sein Traumziel ist und bleibt Europa. Der Agent eines ‚Reisebüros' hat ihm bereits einen Platz auf einem Schiff angeboten, das heimlich nach Italien fährt. 800 Dollar soll diese Passage kosten. Und dieser Agent hat ihm auch erzählt, dass in Deutschland ein legaler Asylanwärter – einschließlich einer erlaubten ‚geringfügigen Beschäftigung' – leicht das Doppelte seines gegenwärtigen Monatsverdienstes erreichen kann."

Wilfried Korby: unveröffentlichtes Manuskript

↓ „LAMPEDUSA (dpa). Bei einem Flüchtlingsdrama auf dem Mittelmeer zwischen Afrika und Italien sind möglicherweise mehr als 80 Menschen ums Leben gekommen. Die italienische Küstenwache entdeckte an Bord eines Flüchtlingsboots die Leichen von 13 Afrikanern. Sie seien bei der Überfahrt an den Folgen von Hunger, Wassermangel und Kälte gestorben. ..."

Stuttgarter Zeitung vom 21.10.2003

M2 *Wichtige Kennzahlen der Entwicklung (2001)*

	Mali	Niger	Tschad	Elfenbein-küste	Libyen	Deutsch-land
Bevölkerung (Mio.)	13,4	12,4	9,5	16,9	5,6	82,6
Wachstumsrate der Bevölkerung (%)	3,3	3,5	3,2	2,0	2,4	−0,2
Bruttonationaleinkommen pro Kopf (US-$)	230	180	200	630	6 200	23 600
Lebenserwartung bei der Geburt (Jahre)	48	45	49	42	76	78
Sterblichkeit der Kinder unter 5 Jahren (pro 1 000)	222	265	200	176	19	5
Analphabetenquote bei Erwachsenen (% der Bevölkerung ab 15 Jahren)	81	83	59	53	18	-
Bevölkerung mit weniger als 2 US-$ pro Tag (%)	91	85	.	50	-	-
Wertschöpfung in Prozent des BIP – Landwirtschaft – Industrie – Dienstleistungen	38 26 36	40 17 43	38 14 48	24 22 54	6 35 59	1 31 68

The Little Data Book. Washington DC (Weltbank) sowie Weltentwicklungsbericht 2003, 2004 und DSW-Datenreport 2004

M2 *Hauptrouten der Armutsflüchtlinge aus Schwarzafrika*

Nach Stuttgarter Zeitung vom 29.07.2003

„*Der Maurer Allasane aus Abidjan, der Hauptstadt der Elfenbeinküste, hatte sich sein Busticket für Libyen ganz legal im Reisebüro gekauft. Über Burkina Faso geht die Fahrt noch ganz gemütlich, doch ab dem Wüstenort Agadez im Niger wird es spannend: Die Durchquerung der Wüste Sahara steht an, eine gefährliche Unternehmung. Mehr als 4000 Kilometer fährt Allasane zu dem Maghreb-Staat Libyen, wo er Arbeit gefunden hat, nur einmal im Jahr besucht er seine Familie in Abidjan.*

Kein Ausnahmefall in Afrika: Wie der Ivorer (Bewohner der Elfenbeinküste) pilgern Zehntausende von Afrikanern als Gastarbeiter nach Libyen. Die Internationale Organisation für Arbeit hat ermittelt, dass schätzungsweise 20 Millionen Afrikaner auf ihrem Kontinent in anderen Staaten als Gastarbeiter leben. Libyens Oberst Muammar al-Gaddafi, der als Förderer der Afrikanischen Union gilt, hatte früher einmal großherzig Schwarzafrikaner aller Länder mit Visa ausgestattet, bis ihm selbst blutige Rassenunruhen im Jahre 2000 ins Haus standen. Damals wurden Hunderte von Afrikanern in Libyen vom Mob getötet.

Besonders die italienische Regierung sieht Libyen als eine ‚Drehscheibe der illegalen Immigration'. Das Schiffsunglück im Mittelmeer im Juni südöstlich der tunesischen Stadt Sfax mit 200 toten Bootsflüchtlingen nährt den Verdacht. Der libysche Kahn, in dem die Flüchtlinge verzweifelt versuchten, die Lecks zu stopfen, war von einem Strand nahe dem libyschen Ort Zouara, 80 Kilometer westlich der Hauptstadt Tripolis, gestartet und hatte die italienische Insel Lampedusa zum Ziel. Rund 700 bis 800 Dollar hatten die Flüchtlinge aus Mali, Ghana, Liberia, Somalia, Ägypten, Marokko und Tunesien für die Passage bezahlt.

‚Wir sind selbst ein Opfer illegaler Einwanderung', stellte Gaddafi kürzlich bei einem Treffen mit den italienischen Ministern für Justiz und Inneres in Tripolis fest. Eine Million Schwarzafrikaner, so heißt es, halten sich illegal in Libyen auf. Um Geld für die Passage nach Europa zu sammeln, arbeiten sie ein paar Monate als Handwerker, Hausdiener, Geschirrspüler oder Bauarbeiter in Libyen. Dann treten sie mit Schlepperbanden die Flucht nach Europa an.

Unmöglich ist es für die libyschen Behörden, die rund 2000 Kilometer lange Küste oder die langen Landesgrenzen zu überwachen. Nur durch Todesmeldungen wird auch etwas über den Menschenschmuggel vom Nachbarstaat Sudan nach Libyen bekannt: Immer wieder verdursten Fahrgäste in den Buskonvois, die heimlich die libysche Wüste überqueren wollen. ... Über die verschiedensten Reiserouten verlassen nach Angaben der Europäischen Union jedes Jahr rund eine halbe Million Afrikaner heimlich ihren Kontinent, um in Europa Arbeit zu finden. Weitere 400000 Afrikaner stellen dort Asylanträge."

Christoph Link: Afrikanische Flüchtlinge machen sich auf den Weg nach Europa. In: Stuttgarter Zeitung vom 29.07.2003. S. 5

1 Erarbeiten Sie aus den Texten und Materialien Push- und Pull-Faktoren der Flüchtlingsbewegungen und Gastarbeiterwanderungen.

2 Verfolgen Sie die einzelnen Stationen von Ali anhand folgender Kriterien: Entfernung, Existenzgrundlage, Lebensstandard.

3 Armutsflüchtlinge aus Schwarzafrika – nur ein Problem der Maghreb-Staaten?

M1 *Bodenzerstörung im Sahel*

M2 *Brandrodung in Malaysia*

7.3 Umweltzerstörung – Umweltflüchtlinge – neue Konflikte

Armut ist sowohl Ursache als auch Folge von Umweltzerstörung. Fehlende Einkommens- und Versorgungsalternativen armer Bevölkerungsgruppen führen zunächst zur Übernutzung und schließlich zur Degradierung natürlicher Ressourcen. Das wiederum beraubt die Betroffenen weiterer Mittel ihrer Existenzsicherung. Dieser „Teufelskreis" zirkulärer Verursachung und Wirkung führt zu weiteren Migrationen, da arme Bevölkerungsgruppen gegen die Auswirkungen von Umweltzerstörung sowie Naturkatastrophen weniger geschützt und von gesundheitlichen Folgen der Umweltveränderungen stärker betroffen sind. Ihre einzige Alternative ist häufig die Abwanderung in Räume, in denen sie bessere Chancen zur Existenzsicherung sehen. Hier allerdings treffen diese – mit dem recht unscharfen Begriff als „Umweltflüchtlinge" bezeichneten – Gruppen auf eine einheimische Bevölkerung, die in den meisten Fällen selbst nur über knappe Ressourcen verfügt und deren Lebens- bzw. Naturraum ebenfalls bereits übernutzt ist. Es entstehen neue inner- und zwischenstaatliche sowie soziale Konflikte.

↓ *„In Entwicklungsländern treten die Symptome der Bodendegradation, der Ökosystemübernutzung und -umwandlung sowie der Verknappung der Wasserressourcen häufig in Kombination miteinander und mit ländlicher Armut auf. Kleinbauernfamilien haben zumeist keine Möglichkeiten, den durch die Umweltdegradation verursachten Produktivitätsverlust auszugleichen, da ihnen die Mittel für eine Erhöhung des Düngereinsatzes oder verbesserte Bewässerungstechniken fehlen.*
Im Gegenteil: Durch Einschränkung der Landnutzungsrechte, durch Verkleinerung des Nutzlandes etwa im Zuge der Erbteilung oder durch den Verlust von Arbeitskräften durch Wegzug gerade der Jüngeren sind diese Familien gezwungen, traditionelle, ressourcenschonende Anbau-

methoden aufzugeben. Brachezeiten werden verkürzt, marginales, unproduktives Land wird genutzt und Tierdung nicht mehr als Dünger ausgebracht, da er dringend als Brennstoff benötigt wird. Aufgrund der natürlichen Produktivitätsgrenzen, gesetzt durch Klima, Bodengüte oder Geländeform, führt eine Nutzung der Böden oder der Vegetation (Tierfraß, Brennholzsammeln) schnell zu langfristigen Schäden. Produktions- und Einkommensverluste sind die Folge. Dies wiederum verstärkt die Notwendigkeit der Nutzung natürlicher Ressourcen: Ein Teufelskreis beginnt. Diese Prozesse führen mitunter sogar zu einer Veränderung des regionalen Klimas durch die … Kopplung zwischen Vegetationsbedeckung und Niederschlag. …
Ein Hauptproblem der armutsbedingten Umweltdegradation sind mangelnde Alternativen für die ländlichen Bewohner, das Einkommen zu bestreiten. In den meisten Entwicklungsländern sind die Arbeitsmöglichkeiten – auch informeller Art (Kleinstbetriebe, Tagelöhner etc.) – zu gering, um den Nutzungsdruck auf die natürlichen Ressourcen zu lindern. …
In einigen Ländern – etwa im westafrikanischen Sahel – ist zu beobachten, dass trotz einer Intensivierung der Landwirtschaft die Nahrungsmittelproduktion nicht weiter ansteigt, ein deutliches Indiz für massive Umweltschäden. In diesen Fällen ist zu befürchten, dass, auch in Anbetracht steigender Armutszahlen, in naher Zukunft keine Besserung der Situation eintreten wird und Böden und Vegetation weiter geschädigt werden. …"
Ingomar Hauchler u. a. (Hrsg.): Globale Trends 2002. Frankfurt/Main: Fischer Taschenbuch Verlag 2001, S. 349f.

1 Vergleichen Sie die Formen der Bodenzerstörung in M1 und M2.
2 Ermitteln Sie Ursachen derartiger massiver Eingriffe des Menschen in den Naturhaushalt.

M3 *Wirkungsgeflecht: Ländliche Armut und Umweltzerstörung*

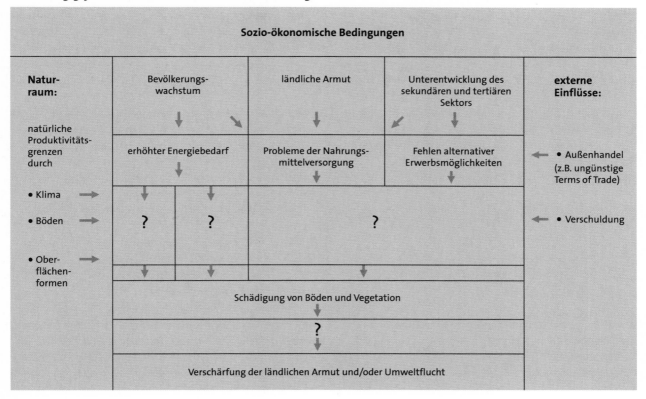

Ingomar Hauchler u. a. (Hrsg.): Globale Trends 2002. a.a.O., S. 365f.

↓ „Treffen ökologische Zerstörungen und/oder Ressourcenknappheit mit zunehmendem Bevölkerungswachstum und einer gefährdeten Ernährung für Teile der Gesellschaft zusammen, dann steigt das Risiko der Umweltflucht. Wenn es zu Verteilungskonflikten zwischen Migranten und einheimischer Bevölkerung kommt, kann eine Spirale von Umweltzerstörung und Gewalt in Gang gesetzt werden. Laut Angaben der ‚Weltwasserkommission' gab es bereits 1999 zum ersten Mal mehr Umweltflüchtlinge als Binnenflüchtlinge. Etwa 21 Millionen dieser internen Kriegsflüchtlinge standen 25 Millionen Umweltflüchtlinge gegenüber. Für das Jahr 2010 wird eine Verdoppelung dieser Zahl erwartet. Regional gesehen konzentrieren sich die Umweltflüchtlinge vor allem auf Subsahara-Afrika, Südasien und Zentralamerika.

Weil es immer mehr trockene und unfruchtbare Böden geben wird und immer mehr Menschen von der Wüstenbildung betroffen sein werden und weil auch andere ökologische Schädigungen (Wassermangel und -verschmutzung) und Naturkatastrophen zunehmen werden, ist zu erwarten, dass die Zahl der Umweltflüchtlinge weiter steigen wird. ... Während aus regionaler Perspektive in der fragilen Region Südasien (Bangladesch, Indien, Pakistan) weitere Umweltflucht vor allem infolge der Zunahme natürlicher Katastrophen droht (Stürme, Ansteigen des Meeresspiegels), wird aller Voraussicht nach in weiten Teilen Afrikas ein komplexes Gemisch aus Degradation, Dürren und Epidemien für weitere Umweltflüchtlinge sorgen.

Kommt es zu Fluchtbewegungen, so besteht die Gefahr, dass Umweltmigranten an ihren Zielorten auf bestehende soziale oder politische Konflikte und Mangelsituationen treffen und diese teilweise verstärken bzw. neue Konflikte hervorrufen. Zudem müssen umweltbedingte Migranten zum Überleben neues Land kultivieren bzw. vorhandene Böden nutzbar machen. Doch bebaubare Flächen sind knapp; es ist wahrscheinlich, dass die verfügbaren weiter geschädigt werden. ...

Das Beispiel der sich an den Völkermord von 1994 anschließenden Massenflucht von Teilen der ruandischen Bevölkerung nach Tansania hat gezeigt, welche katastrophalen ökologischen Folgen schon der Verbrauch von Feuerholz von einer großen Zahl Hilfsbedürftiger haben kann. Trotz der groß angelegten internationalen humanitären Hilfsoperation konnte nicht verhindert werden, dass weite Gebiete abgeholzt, ökologisch geschädigt und die Lebensgrundlagen für die einheimische Bevölkerung schwer beeinträchtigt wurden. ...

Üblicherweise wird die Kausalkette ‚Umweltzerstörung führt zu Konflikt' betrachtet. Doch auch die Umkehrung dieser Kausalkette, ‚Krieg führt zu Umweltzerstörung', ist von Bedeutung. Dazu gehört vornehmlich die durch militärische Gewalteinsätze bewusst verfolgte Zerstörung der Umwelt. ...

M1 *Ressourcen- und umweltbedingte Konflikte am Beginn des 21. Jahrhunderts*

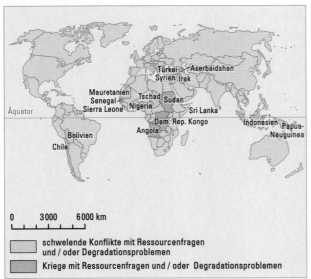

M2 *Naturräumliche Situation im Sudan*

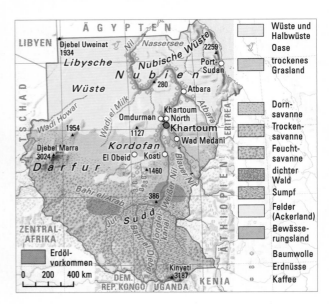

Ressourcen- und umweltbedingte Konflikte: Das Beispiel Darfur/Sudan

„In den Provinzen Nord-, West- und Süddarfur tobt seit knapp einem Jahr ein neuer Krieg. Die Lage ist dramatisch. Rund 700 000 der etwa 2,1 Millionen Menschen in den Darfur-Provinzen sollen sich Berichten internationaler Hilfsorganisationen zufolge auf der Flucht befinden. Felder bleiben unbestellt, Ernten fallen aus, Vieh wird gestohlen, Menschen werden entführt und getötet. Im Westsudan droht eine Hungersnot. Die Gründe für die neuen Konflikte gleichen jenen im Süden: Vernachlässigung, Verarmung, Diskriminierung, Ausbeutung.

Es werde keinen umfassenden Frieden im Sudan geben, sagt Abdel Waheed el-Nur, Chef der Sudanesischen Befreiungsbewegung SLM, wenn die Regierung in Khartoum kein umfassendes Abkommen mit den Aufständischen im Westen aushandelt. Aber die Regierung zeigt sich bislang taub. ... Die Aufständischen im Westen sind für sie Banditen und Terroristen. Keine Gespräche, keine Verhandlungen. Die Herrscher in Khartoum verfahren nach den alten falschen Rezepten: Sie schicken Truppen und bewaffnete arabisierte Viehzüchter.

Diese Jamjaweed gehen mit großer Brutalität gegen die afrikanischen Bauern (in Darfur) vor und vertreiben diese von ihrem Land. ,Die Jamjaweed', so der aus Kutum in Norddarfur stammende Sa'id Fulan, ,überfallen Dörfer und raffen alles von Wert an sich. Was sie nicht mitnehmen, das verbrennen sie. Danach töten sie die jungen Leute.' Die Jamjaweed durchziehen als Nomaden den in der Sahelzone liegenden Nordwesten des Sudan. Jedes Jahr rückt die Sahara hier bis zu acht Kilometer nach Süden vor und raubt den Viehzüchtern kostbares Weideland. Diese versuchen sich an den Ackerbauern schadlos zu halten.

Einer der Gründe für die Rebellion im Süden, das hat Khartoums Außenminister, Mustafa Osman Ismail, unlängst bei den Friedensverhandlungen in Naivasha eingestanden, sei die soziale Ungerechtigkeit bei der Teilung von Wohlstand und Macht. Man dürfe diesen Fehler nicht in anderen Teilen des Landes wiederholen. Doch genau das geschieht gegenwärtig im Westen. Statt eines fairen Anteils an Wohlstand und Reichtum bekommen die Menschen in Darfur Bomben auf ihre Dörfer.

Knapp zwei Milliarden Dollar nimmt der Sudan mittlerweile jährlich durch Verkauf von Öl ein. Die Hauptstadt boomt – davon zeugen Autohäuser, Villenviertel, Computerläden. ... Große Summen, meint Alfred Taban, Chefredakteur der zeitweilig verbotenen Oppositionszeitung ,Khartoum Monitor', flössen durch unkontrollierbare Kanäle in die Taschen der herrschenden Clique. Seit Jahren schon, so Taban, rede Khartoum davon, den Provinzen mehr Mittel und Macht zuzugestehen. Tatsächlich verarmen die Provinzen mehr und mehr. Viele Erwachsene wandern auf der Suche nach Arbeit und Einkommen ab. Die Gebildeten ziehen nach Khartoum. Wer sich mit dem Regime nicht arrangieren kann, geht ins Ausland. ,In Darfur', sagt Sa'id Fulan, ,findest du nur noch Ungebildete, Alte und Kinder.'

Nicht Ideologie oder ein großer Plan stecken hinter dem Vorgehen der Regierung, meint Joshua Dau Diu von der oppositionellen Union der Sudanesisch-Afrikanischen Parteien. ... Sozialismus, Kapitalismus, Islamismus, seien Ideologien, die von den Herrschenden in den vergangenen Jahrzehnten lediglich als Staffage benutzt worden seien, um die eigenen Taschen zu füllen."

Reinhart Baumgarten: Der Sudan – Das flächengrößte Land Afrikas im Umbruch. In: Das Parlament 1. März 2004, S. 8

„Neue" Kriege und ihre Folgen

„Innerstaatliches Kriegsgeschehen heute ist zumeist untrennbar in seine internationale Umwelt eingebunden. Seien es die Überweisungen von Exilanten, die Veräußerung von Bodenschätzen und anderer Kriegsbeute zu Schleuderpreisen auf dem Weltmarkt ... – jeder Krieg ist auf vielfältige Weise in internationale politische und ökonomische Konstellationen eingebettet. Neben (der) ... Transnationalisierung innerstaatlicher Kriege ist die gewandelte Stellung des Staates ein weiteres Wesensmerkmal der ‚neuen' Kriege: Staaten werden zu Gewaltakteuren unter anderen, sie haben als faktische Monopolisten des Krieges abgedankt. Von einem – zumindest rudimentären – staatlichen Gewaltmonopol kann in einigen Krisenregionen nicht (mehr) die Rede sein; Staaten sind schwach, gescheitert oder gar völlig zerfallen, wobei Schwäche, Scheitern und Zerfall sowohl Ursache als auch Folge von gewaltsamem Konfliktaustrag sind bzw. sein können. Der Krieg dreht sich daher häufig gar nicht mehr primär um die Eroberung der Staatsmacht bzw. Regierungsgewalt oder um die Etablierung neuer sezessionistischer staatlicher Strukturen. ... Vielmehr gewinnen kommerzielle Zwecke an Bedeutung – freilich oftmals untrennbar verbunden mit dem Motiv der Machtsicherung. Daher lässt sich nicht allein aufgrund der involvierten Akteure, sondern auch wegen der von diesen verfolgten Zielen von einer ‚Entstaatlichung' bzw. ‚Privatisierung' der Kriege sprechen. Dies wiederum lässt die Unterscheidung zwischen Krieg und organisierter (Gewalt-)Kriminalität ... verschwimmen. ... Internationalisierung und Privatisierung verändern auch die Formen der Kriegführung: sie richtet sich nicht mehr so sehr gegen ein bewaffnetes Gegenüber, sondern vielmehr gegen die Zivilbevölkerung ... Zunehmend bestimmen (also) private Gewaltakteure mit vorrangig kommerziellen Interessen das Kriegsgeschehen: Gewaltunternehmer vom Schlage afghanischer, westafrikanischer oder somalischer Warlords, Stammesmilizen, in kriminelle Geschäfte abgedriftete ehemals ‚linke' Guerillaorganisationen oder ‚rechte' Paramilitärs. Sie reproduzieren sich über Plünderung, Raub, Geiselnahme, Schutzgelderpressung und Schmuggel, muss doch – wie in der Frühen Neuzeit Europas – der Krieg den Krieg ernähren. Sie sind überdies in die Schatten-Globalisierung eingebunden, das heißt über die Produktion von und den Handel mit Drogen und Bodenschätzen wie Diamanten, Gold, Erdöl oder Tropenholz sowie den Menschen- und Waffenschmuggel mit dem Weltmarkt verbunden und beziehen aus diesen Geschäften die Ressourcen, die ihnen eine Weiterführung des Krieges möglich machen und lukrativ erscheinen lassen. Verlierer sind breite Bevölkerungsschichten, die sich einen regulären Lebensunterhalt und leidlich erträgliche Lebensbedingungen sichern wollen. Die Antriebskraft hinter den neuen Kriegen aber sind die Gewinner: wenige große Gewinner, nämlich jene Gewaltunternehmer, die auf den Gewaltmärkten Profi-

M3 Kindersoldat

te machen, zudem viele kleine Gewinner, nämlich jene jungen Männer und Jugendlichen (oder gar Kinder), die im Kriegshandwerk eine Überlebensmöglichkeit sehen, deren ‚Gewinn' letztlich nur darin besteht, dass sie die Arbeits- und Perspektivlosigkeit des ‚Friedens' vermeiden können und die ganz leicht auch zu Verlierern und Opfern des Krieges werden können. Junge Männer und Kinder machen Kriege billig: Sie stellen die Masse der Kombattanten, sind als solche kaum ausgebildet, äußerst genügsam und gleichwohl in der Lage, die massenhaft vorhandenen billigen und leichten Kleinwaffen zu handhaben. Geringen Investitionskosten in Arbeitskraft und Destruktionsmittel stehen mithin enorme Profitmöglichkeiten gegenüber. ..."

Ingomar Hauchler u. a. (Hrsg.): Globale Trends 2004/2005. Frankfurt/Main: Fischer Taschenbuch Verlag 2003, S. 316ff.

1 Erläutern und vervollständigen Sie das „Wirkungsgeflecht" (M3, S. 35).

2 Informieren Sie sich anhand von M2, S. 36 und entsprechender Atlaskarten über die naturräumliche Situation im Sudan.

3 Erläutern Sie vor diesem Hintergrund die „ressourcen- bzw. umweltbedingten Konflikte oder Kriege" zwischen
   a) den Jamjaweed-Nomaden und den Ackerbauern in (Nord-) Dafur
   b) dem Norden und dem Süden des Sudan (siehe hierzu auch Kapitel 6.1)

4 Stellen Sie die staatlichen, militärischen und gesellschaftlichen Folgen der „neuen" Kriege dar.

5 Erklären Sie, inwieweit das Auftreten von „Kindersoldaten" eine Folge von Armut und auch eine wesentliche Grundlage der „neuen" Kriege darstellt.

M1 *Asylantenwohnheim in Waiblingen:*
Armut in der Dritten Welt – Probleme bei uns

8 Wege aus der Armut

Armut in der Dritten Welt wird in unserer Öffentlichkeit häufig nur wahrgenommen als ein Phänomen „im fernen Afrika", zwar sehr drastisch und auch informativ vermittelt durch die Medien, aber eben als ein Problem ohne unmittelbaren Bezug zum eigenen Alltag. Doch Asylanten und Flüchtlinge transportieren das Armutsproblem bis „vor unsere Haustür". Und auch andere Folgen der weltweiten Armut – zum Beispiel zerstörte Umwelt oder vermehrte Konflikte – wirken sich global aus und gefährden unsere Zukunft. Wir sind alle Bewohner einer eng verflochtenen „einen Welt", und keinem der reichen Länder wird es auf Dauer gelingen, in Frieden und Wohlstand zu leben, wenn die bittere Armut in Ländern der Dritten Welt nicht eingedämmt wird.

Die Staats- und Regierungschefs der Welt haben deshalb auf dem Milleniumsgipfel der Vereinten Nationen im September 2000 in New York einen Zielkatalog beschlossen, der bis zum Jahre 2015 eine Reihe von sozialen Verbesserungen für die Menschen weltweit anstrebt. An erster Stelle steht dabei die Bekämpfung von Armut und Hunger: Bis zu dem genannten Termin soll die Zahl der heute etwa 1,15 Milliarden Menschen in extremer Armut (mit einem Einkommen von unter einem US-Dollar pro Tag) auf 809 Millionen sinken, d. h. ihr Anteil an der Weltbevölkerung soll von 29,6 % (1990) auf 13,3 % reduziert und damit prozentual mehr als halbiert werden. Durch welche Maßnahmen auf der internationalen und nationalen Ebene kann dieses Ziel erreicht werden? Was kann jeder Einzelne von uns im Kampf gegen die Armut tun?

↓ „Weltweit Armut zu bekämpfen, ist nicht allein eine Frage der Menschlichkeit und sozialen Gerechtigkeit, sondern eine Überlebensfrage. Denn die Folgen der Armut – Umweltzerstörung, Bevölkerungswachstum, Abwanderung in Städte und zukunftsträchtigere Gebiete – gefährden unsere gemeinsame Zukunft. Es liegt somit in unserem ureigensten Interesse, die Armut zu bekämpfen.

Wo Armut herrscht, ist wenig Spielraum für eine nachhaltige Entwicklung. Das Umweltprogramm der Vereinten Nationen (UNEP) sagt beispielsweise, dass die Armut der Mehrheit der Weltbevölkerung eine Hauptursache dafür ist, dass sich weltweit die Umweltsituation gefährlich zuspitzt. So haben zum Beispiel viele Bauern und Bäuerinnen am Amazonas oder in Zentralafrika keine andere Wahl, als für ihr Überleben Regenwald zu roden, um neue Felder zu erschließen. Das hat langfristig auch Auswirkungen auf das weltweite Klima.

Bürgerkriege machen jahrelange Bemühungen in der Armutsbekämpfung zunichte und verursachen neue Armut. Wenn Menschen in Krisenzeiten ihre Heimat verlassen müssen, berührt das auch unsere Interessen von Sicherheit und Stabilität. Die Armut mindern, heißt Frieden sichern.

Armut ist ein vielschichtiges Problem. Sie hat viele Gesichter und verschiedenste Ursachen. Deshalb gibt es auch kein einfaches und einheitliches Erfolgsrezept, wie Armut vermindert werden könnte. Häufig reichen praktische Hilfsmaßnahmen vor Ort allein nicht aus, um die Situation der Armen langfristig zu verbessern. Armutsbekämpfung muss auf allen gesellschaftlichen Ebenen und an verschiedenen Orten stattfinden. Nur wenn – in Industrie- und Entwicklungsländern – alle gesellschaftlichen Kräfte zusammenarbeiten, kann wirkungsvoll etwas gegen die Armut getan werden. Das bedeutet: Auch die Menschen in den reichen Ländern müssen einen Beitrag dazu leisten. ..."

Arbeitskreis Armutsbekämpfung durch Hilfe zur Selbsthilfe (Hrsg.): Die Kluft überwinden – Wege aus der Armut. Bonn 2003, S. 8f.

Die reichen Länder haben sich schon seit längerer Zeit verpflichtet, jährlich 0,7 Prozent ihres Bruttoinlandsprodukts für Entwicklungshilfemaßnahmen zur Verfügung zu stellen. Von dieser Vorgabe sind die meisten großen Volkswirtschaften noch weit entfernt, obwohl einige Industrienationen vor dem Hintergrund der „Milleniumsziele" in den letzten Jahren trotz Wirtschaftskrisen ihre Hilfszahlungen erhöht haben. Lag die internationale Öffentliche Entwicklungshilfe in der Dekade ab 1990 jährlich konstant zwischen 50 und 55 Mrd. US-Dollar, wurde sie bis zum Jahre 2002 auf 58,3 Mrd. Dollar aufgestockt. Die deutsche Bundesregierung hat angekündigt, den Anteil der Mittel für Entwicklungszusammenarbeit am Bruttoinlandsprodukt bis 2006 auf 0,33 Prozent zu erhöhen.

M2 Entwicklungshilfe in Prozent des BIP

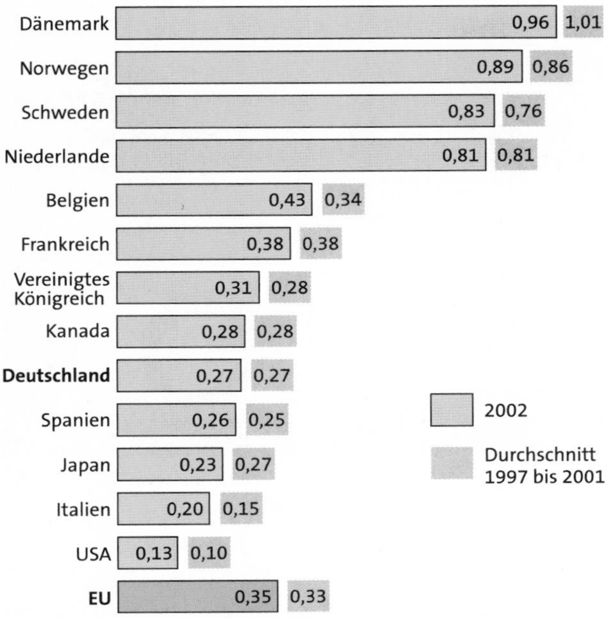

Land	2002	Durchschnitt 1997 bis 2001
Dänemark	0,96	1,01
Norwegen	0,89	0,86
Schweden	0,83	0,76
Niederlande	0,81	0,81
Belgien	0,43	0,34
Frankreich	0,38	0,38
Vereinigtes Königreich	0,31	0,28
Kanada	0,28	0,28
Deutschland	0,27	0,27
Spanien	0,26	0,25
Japan	0,23	0,27
Italien	0,20	0,15
USA	0,13	0,10
EU	0,35	0,33

Nach Informationsdienst des Instituts der deutschen Wirtschaft. Jg. 30, 18. März 2004, S. 1

Nationale Ebene: Das „Aktionsprogramm 2015"

Nur ein Jahr nach dem „Milleniumsgipfel" hat die Bundesregierung ein Aktionsprogramm verabschiedet, das den deutschen Beitrag im Kampf gegen die Armut festschreibt:

↓ *„Die Bundesregierung sieht zehn Ansatzpunkte der Armutsbekämpfung als vorrangig an, die sie in ihren bilateralen Beziehungen und bei ihrer Mitwirkung auf europäischer Ebene und in internationalen Organisationen verfolgt. ... Die einzelnen Maßnahmen und ihre Gestaltung tragen der Tatsache Rechnung, dass die Mehrzahl der Armen Frauen und Mädchen sind.*

– *Wirtschaftliche Dynamik und aktive Teilnahme der Armen erhöhen.*
– *Das Recht auf Nahrung verwirklichen und Agrarreformen durchführen.*
– *Faire Handelschancen für Entwicklungsländer schaffen.*
– *Verschuldung abbauen – Entwicklung finanzieren.*
– *Soziale Grunddienste gewährleisten – Soziale Sicherung stärken.*
– *Zugang zu lebensnotwendigen Ressourcen sichern – Eine intakte Umwelt fördern*
– *Menschenrechte verwirklichen – Kernarbeitsnormen respektieren.*
– *Gleichberechtigung der Geschlechter fördern*
– *Beteiligung der Armen sichern – Verantwortungsvolle Regierungsführung stärken.*
– *Konflikte friedlich austragen – Menschliche Sicherheit und Abrüstung fördern."*

Bundesministerium für wirtschaftliche Zusammenarbeit und Entwicklung (Hrsg.): Aktionsprogramm 2015. Armut bekämpfen. Gemeinsam handeln. Bonn, 2.unveränd. Auflage 2003, S. 3ff.

Persönliche Ebene: Was kann ich tun?

↓ *„Fair" einkaufen (hierzu S. 45: Transfair-Siegel)*
Teppiche von Kinderhand geknüpft, unser billiger Kaffee oder T-Shirts, die für eine Hungerlohn produziert wurden: Das muss nicht sein. Sie als Verbraucherin und Verbraucher haben es in der Hand, dass Ihr Einkauf nicht zu Lasten der Armen geht. Fragen Sie nach Waren aus fairem Handel und nach Anbietern, die bei der Produktion soziale und ökologische Mindeststandards einhalten. Sie erkennen diese Produkte an ihren Siegeln.
Infos unter: www.solidaritaet-weltweit.de

Ohne Spenden geht's nicht

Armutsbekämpfung wird wesentlich von nichtstaatlichen Organisationen getragen, deren Arbeit überwiegend durch Spenden ermöglicht wird. Ohne Ihren Beitrag blieben viele Projekte auf der Strecke. Lassen Sie sich von Organisationen über ihre Arbeit informieren. Dann können Sie entscheiden, welches Projekt oder welches Land Sie besonders unterstützen möchten.

Persönlich engagieren

In Ihrer Stadt oder Region warten zahlreiche entwicklungspolitische Initiativen und Organisationen auf Verstärkung durch Sie. Adressen finden Sie im Internet, in Ihrer Stadtzeitung, im Eine-Welt-Laden oder bei Ihrer Kirchengemeinde. Wer einen Computer besitzt und Zugang zum Internet hat, kann sich auch online engagieren. Unter www.netaid.org finden Sie Anfragen von Organisationen aus aller Welt, die Unterstützung beim Texten, Übersetzen, Gestalten oder auch bei der Recherche benötigen. ...
Armutsbekämpfung findet nicht nur in den Ländern des Südens statt. Auch in Deutschland treten Menschen für eine Entwicklung ein, die ökonomisch sinnvoll, ökologisch vertretbar und sozialverträglich sein muss. ... Sicher gibt es auch in Ihrer Nähe eine Initiative zur ‚Lokalen Agenda 21', an der Sie sich beteiligen können. Infos unter www.econtur.de."

Arbeitskreis Armutsbekämpfung durch Hilfe zur Selbsthilfe (Hrsg.): Die Kluft überwinden. a.a.O. S. 26f.

1 *„Armut in der Dritten Welt geht uns alle an" – Erläutern Sie diese These.*

2 *Vergleichen Sie die Aussagen von M2 mit den Forderungen der Vereinten Nationen.*

3 *Untersuchen Sie, bei welchen der in den Kapiteln 6 und 7 angesprochenen Ursachen sowie Folgen von Armut das „Aktionsprogramm 2015" ansetzen will.*

4 *Stellen Sie – auch mithilfe der Informationen auf den Folgeseiten – konkrete Umsetzungsmöglichkeiten dieses „Aktionsprogramms" dar.*

5 *Informieren Sie sich anhand der folgenden Web-Adresse über weitere Möglichkeiten, als Einzelner im Kampf gegen die Armut aktiv zu werden: www.aktionsprogramm2015.de*

8.1 Faire Handelschancen für Entwicklungsländer?

Am frühen Abend des 14. September 2003 kam es zum Eklat: Die 5. WTO-Ministerkonferenz im mexikanischen Cancún musste ohne Ergebnis abgebrochen werden. Unterstützt durch weltweite Proteste und Demonstrationen von Globalisierungskritikern hatten die Vertreter der Entwicklungsländer innerhalb der WTO (World Trade Organization) darauf bestanden, dass der Abbau von Agrarsubventionen und nicht – wie von den Industrieländern gefordert – der Schutz von Direktinvestitionen im Mittelpunkt der Verhandlungen stehen sollten. Dabei war noch auf der Vorbereitungskonferenz in Doha als gemeinsames Ziel formuliert worden, die Exportmöglichkeiten der Entwicklungsländer zu verbessern und sie stärker in den Welthandel einzubinden, um so die Chancen einer wirksamen Armutsbekämpfung zu erhöhen. Derartige Konflikte sind nicht neu. Bereits seit Mitte der 1960er-Jahre prangern die Entwicklungsländer die bestehenden Weltwirtschaftsstrukturen an und fordern den Aufbau einer „Neuen Weltwirtschaftsordnung". Plattform ihrer Proteste sind – neben der WTO – vor allem die UNCTAD-Konferenzen. Die Länder der Dritten Welt fordern vor allem

– eine stärkere Öffnung der Märkte in der Triade, also der drei wirtschaftsstarken Regionen Nordamerika, Europäische Union und Japan mit den südostasiatischen Schwellenländern,
– gerechte und stabile Rohstoffpreise durch den Aufbau eines „Integrierten Rohstoffprogramms", bei dem ein gemeinsamer (zum überwiegenden Teil aber durch die Industrieländer finanzierter) Fonds eine gewisse Absatz- und Versorgungssicherheit garantieren soll,
– Schuldenerlasse bzw. Schuldenerleichterungen,
– eine stärkere Kontrolle der Aktivitäten der transnationalen Konzerne,
– die Erhöhung der öffentlichen Entwicklungshilfe auf mindestens 0,7 Prozent des jeweiligen BIP mit einem effektiverem Einsatz der Finanzmittel.

Die Bundesregierung hat zugesagt, sich im Rahmen ihres „Aktionsprogramms 2015" dafür einzusetzen, dass „faire Handelschancen für die Entwicklungsländer" geschaffen werden. Es bleibt abzuwarten, ob es bei den kommenden WTO- bzw. UNCTAD-Konferenzen gelingt, diesem Ziel durch konkrete Vereinbarungen und Maßnahmen – z. B. durch den Abbau verfehlter Agrarsubventionen in den USA oder der EU – näher zu kommen. Neben diesen Ansatzpunkten auf der staatlichen Ebene gibt es im privaten und unternehmerischen Bereich eine ganze Reihe von Initiativen zur Verbesserung der Handelsbedingungen für die Entwicklungsländer. Zu ihnen gehören Handelspartnerschaften, die sich an den Grundsätzen eines „Fairen Handels" orientieren.

M1 *Proteste von Globalisierungskritikern am 9. September 2003*

↓ *„Stichwort Welthandelsorganisation WTO*
Innerhalb der Vereinten Nationen hat die Welthandelsorganisation (WTO) die Aufgabe, global verbindliche Handelsregeln zu vereinbaren.
Die WTO ging aus dem GATT (Allgemeines Zoll- und Handelsabkommen) hervor. In bisher acht multilateralen GATT-Verhandlungsrunden wurde ein Abbau von Hemmnissen im internationalen Handel vereinbart. Mit dem In-Kraft-Treten der letzten GATT-Beschlüsse aus der so genannten Uruguay-Runde wurde 1995 die Welthandelsorganisation (WTO) gegründet. Während sich die GATT-Regeln vor allem auf den Güterhandel bezogen, umfassen die WTO-Verträge darüber hinaus auch Regeln für den Dienstleistungshandel und für den Schutz des geistigen Eigentums.
WTO-Entscheidungen werden normalerweise im Konsens mit allen 148 Mitgliedsstaaten getroffen. Die Ministerkonferenz, die alle zwei Jahre stattfindet, ist das höchste Entscheidungs-Gremium der WTO."
www.aktionsprogramm2015.de/www.magazin – Stichwort WTO

M2 *Funktionsweise des Rohstoff-Fonds*

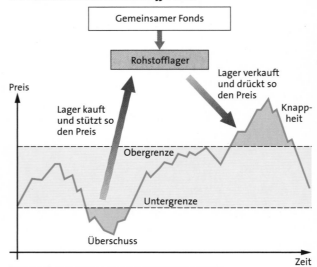

Nach A. Egner u. G. Misenta: Mensch u. Politik. Schroedel. S. 159

Stichwort UNCTAD

↓ *„Die UNCTAD (United Nations Conference on Trade and Development) ist als Unterorganisation der Vereinten Nationen für die Förderung des internationalen Handels zuständig und richtet ihr Augenmerk dabei besonders darauf, die Entwicklungsländer unter Wahrung ihrer Interessen in das System der globalen Wirtschaftskreisläufe zu integrieren. Ebenso wie die WTO ist die UNCTAD damit für den Welthandel und in der Folge auch für die weltweite Entwicklung und die Förderung des Wohlstands zuständig. Dennoch bestehen erhebliche Unterschiede zwischen beiden Organisationen.*

Als Konferenz tagt die UNCTAD in der Regel im Abstand von vier Jahren. Alle 191 Mitglieder haben dabei eine Stimme. Im Gegensatz zur WTO fallen Entscheidungen nach dem Mehrheitsprinzip. Weil die ärmeren Staaten innerhalb der UNCTAD die Mehrheit bilden, entwickelte sie sich schon wenige Jahre nach der Gründung 1964 zu einem Forum für rhetorische Debatten über den Nord-Süd-Konflikt und zu einer Basis für die Forderung nach einer gerechteren Weltwirtschaftsordnung. Die Bindewirkung der UNCTAD-Resolutionen ist indes gering. Meist besitzen sie kaum mehr als den Charakter eines Appells. Folglich haben sich die zeitweiligen Hoffnungen der Entwicklungsländer, über diesen Weg mehr Einfluss auf die Weltwirtschaftspolitik zu bekommen, nicht erfüllt."

www.politikerscreen.de/static/dossier/weltwirtschaft/14.htm

↓ *„Fair gehandelt mit Bolivien*

Als im Jahre 1975 die Gesellschaft zur Förderung der Partnerschaft mit der Dritten Welt mbH – kurz: gepa – ins Leben gerufen wurde, war kaum zu ahnen, dass aus einer entwicklungspolitischen Bewegung heraus einmal Europas erfolgreichstes Fair-Handelsunternehmen wachsen würde. Die Idee, die hinter der gepa steckt, ist denkbar einfach: Sie will mit dem Fairen Handel die Lebensbedingungen der Menschen verbessern, die aufgrund weltweiter, regionaler und nationaler Wirtschafts- und Sozialstrukturen benachteiligt sind.

Der Vertrieb der Waren aus den Entwicklungsländern, die die gepa einführt, läuft zu mehr als 50 Prozent über die ca. 800 Weltläden und ca. 6 000 Aktionsgruppen – den beiden Wurzeln der Fair-Trade-Bewegung. Schätzungsweise 100 000 engagierte Leute setzen sich hier für den Fairen Handel ein, verkaufen Waren, führen Kampagnen oder Aktionen durch.

Mit dem Fairen Handel beweist die gepa, dass es möglich ist, auf der Grundlage gegenseitiger Wertschätzung und gerechter Entlohnung Strukturen aufzubauen, die den Menschen in den Entwicklungsländern zugute kommen. Sie erhalten für ihre Arbeit eine faire Bezahlung und eine vernünftige Perspektive. So wie die Menschen, die bei El Ceibo in Bolivien arbeiten, einer Organisation, die die gepa schon lange unterstützt.

El Ceibo – Erfolgsgeschichte einer Bauernorganisation

Susy Gutiérrez (23) hat vor drei Jahren ihren Schulabschluss gemacht. An sich nichts Besonderes. Doch in Bolivien, wo nur gut jedes vierte Mädchen diesen Schritt schafft, schon. Sie ist eines von neun Geschwistern, ihr Vater ein Kakaobauer. Ihr Dorf Santa Rosa liegt mitten im bolivianischen Urwald. Hauptsächlich Bergbauern und Minenarbeiter wurden Anfang der sechziger Jahre vom Hochland ins 4 000 Meter tiefer gelegene Gebiet umgesiedelt, erhielten je zwölf Hektar Land, ein bisschen Werkzeug und Saatgut, aber ansonsten keine Unterstützung beim Neuanfang als Kakaobauern. Und Kakao war für Bolivien ein völlig neues Agrarprodukt, für das die Erfahrung fehlte.

Doch dann kam eine ungeahnte Wende. Die wenigen, die mit Mühe über die Runden kamen, schlossen sich 1977 in der Selbsthilfe-Organisation El Ceibo zusammen, um ihren Kakao zu besseren Bedingungen selbst zu vermarkten. Und dieses Vorhaben funktionierte. Es funktionierte immerhin so gut, dass Susy Gutiérrez und viele andere Kinder der Gegend die Schule besuchen und einen Abschluss erzielen konnten. Relativ schnell konnte El Ceibo das Transport- und Preismonopol der Zwischenhändler brechen, das unter anderem für den niedrigen Kakaopreis verantwortlich war. Heute arbeitet Susy selbst für El Ceibo und finanziert sich damit ihr Studium.

Erst der Zusammenschluss der Bauern zu einer starken Kooperative ermöglicht es ihnen, sowohl am konventionellen wie auch am Fairen Handel sinnvoll teilzunehmen."

Deutsche Gesellschaft für Technische Zusammenarbeit (Hrsg.): Magazin 2015. Ausgabe 1, Oktober 2003, S. 9

1 *Erläutern Sie vor dem Hintergrund der Informationen aus dem Kapitel 6.4.*
   a) *die Forderungen der Entwicklungsländer-Vertreter auf der 5. WTO-Ministerkonferenz,*
   b) *die Zielsetzung des „Integrierten Rohstoffprogramms".*
2 *Überprüfen Sie Argumentation und Abstimmungsverhalten der Industrieländer, insbesondere auch Deutschlands, bei den kommenden WTO- bzw. UNCTAD-Konferenzen.*
3 *Informieren Sie sich – ausgehend von M1 – über die Position von Globalisierungskritikern (z. B. attac: http://www.attac.de)*
4 a) *Vergleichen Sie bei ausgewählten Produkten (z. B. Kaffee, Kakao) die Angebote in einem Supermarkt und einem Weltladen anhand verschiedener Kriterien (z. B. Preis, Qualität, Geschmack, Hinweise auf Bio-Anbau).*
   b) *Informieren Sie sich über die Zusammensetzung eines „fairen Preises" (z. B. 250 g Agenda 21-Bio Kaffee: http://www.aktionsprogramm2015.de – Stichwort Magazin 2015)*

M1 *Frauen und Mädchen beim Waschen am Fluss*

M2 *Analphabetismus nach Geschlecht*

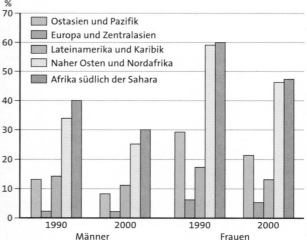

Nach Ingomar Hauchler u. a.: Globale Trends 2004/2005. Frankfurt/M.: Fischer Taschenbuch Verlag 2003, S. 103

8.2 Gleichberechtigung der Geschlechter fördern

↓ *„Armut ist weiblich. 70 Prozent der in Armut lebenden Menschen auf der Welt sind Frauen. Diskriminierung und die Missachtung der Menschenwürde ist nicht nur ein Problem zwischen ‚oben' und ‚unten', zwischen Regierung und Volk. Es besteht auch zwischen den Geschlechtern. Frauen sind in Entwicklungsländern in nahezu allen Bereichen gegenüber Männern benachteiligt. Schon als Mädchen bekommen sie die Diskriminierung zu spüren:*

– weniger Bildung als Jungen,
– weniger Berufschancen als Jungen,
– härtere häusliche Arbeiten als Jungen,
– weniger Nahrung als Jungen,
– weniger ärztliche Betreuung als Jungen.

Geschlechterkonflikte spielen vor allem in den ländlichen Gebieten Afrikas eine große Rolle. Die Ethnologin Rita Schäfer betont, dass Produktion und Ernährungssicherung mittlerweile fest in Frauenhand liegen. Dennoch sind ihre Potenziale durch rechtliche und soziokulturelle Hindernisse beschränkt.

Immer mehr Männer zieht es in die Städte, teils auch ins benachbarte Ausland; Wanderarbeit ist eine der wichtigsten Einnahmequellen der männlichen Bevölkerung. Den meisten Frauen bleibt die Migration verwehrt, oft per Gesetz. Weil Männer abwandern, entsteht ein neues Ungleichgewicht. Frauen müssen zu Hause zusätzliche Aufgaben übernehmen. Die Entscheidungsbefugnisse, wie z. B. die Ernte genutzt oder Erlöse verteilt werden, bleiben aber fest in Männerhand."

http://www.aktionsprogramm2015.de/ (12. 06. 2003 – Stichwort: Armut weltweit. Ursachen und Folgen)

Aus der dargestellten Situation von Mädchen und Frauen in der Dritten Welt ergibt sich eine der Hauptaufgaben jeder Entwicklungszusammenarbeit: Es gilt das Gefälle zwischen den Geschlechtern zu verringern. Strukturelle Verbesserungen in der sozialen, rechtlichen und ökonomischen Situation der Frauen gewährleisten zugleich eine nachhaltige Armutsbekämpfung. Dieser Grundsatz prägt sowohl das „Aktionsprogramm 2015" der Bundesregierung als auch viele Initiativen von Nichtregierungsorganisationen (NROs).

↓ *„Ein wichtiger Hebel für die Gleichstellung der Geschlechter und zur nachhaltigen Armutsminderung ist der Zugang zu und die Kontrolle über Ressourcen wie Land, Wasser, bezahlter Arbeit, Gesundheitsdiensten und Bildung, insbesondere Grundbildung. Bildung führt zu mehr Selbstbewusstsein und Unabhängigkeit und ermöglicht die Wahrnehmung von politischen, wirtschaftlichen, sozialen und kulturellen Rechten.*

Die Bundesregierung unterstützt die Eigenanstrengungen der Entwicklungsländer, die Diskriminierung von Frauen abzubauen und die Gleichstellung der Geschlechter zu verwirklichen. … Alle Projekte und Programme werden geschlechterdifferenziert ausgerichtet, um die unterschiedlichen Bedürfnisse von Frauen und Männern gleichberechtigt zu berücksichtigen (‚gender mainstreaming'). … Die Bundesregierung unterstützt verstärkt die Grundbildung von Mädchen und Frauen und wirkt darauf hin, dass dies auch in der europäischen und multilateralen Entwicklungszusammenarbeit geschieht. Gezielte Maßnahmen sollen in Zusammenarbeit mit den Eltern die Einschulungsraten von Mädchen erhöhen und ihren längeren Verbleib in der Schule ermöglichen (z. B. durch Stipendien, Sicherung des Schulweges)."

BMZ (Hrsg.): Aktionsprogramm 2015. a.a.O. S. 33f.

Ein Frauenförderungsprojekt in Uganda

„Wir sitzen in dem Klassenzimmer einer Dorfschule am Fuß des Mount Elgon. 25 Frauen sind erschienen, um mich zu begrüßen. Die älteste Schülerin ist 85. ... Den Weg ins Dorf mussten wir uns auf Trampelpfaden zwischen Bananen- und Yamsfeldern bahnen. ... Die Anwesenden berichten stolz von den Entwicklungen in ihren Familien und in der Dorfgemeinschaft: ‚Wir sind gesünder, weil wir mehr über Krankheiten wissen und uns jetzt die Medizin leisten können. Außerdem sind wir Frauen nun unabhängiger von unseren Männern, weil wir uns untereinander austauschen können und jetzt mehr über unsere Rechte wissen‘, sagt eine junge Mutter mit einem Baby an der Brust. Ruth Namboso erzählt von ihrer Hühnerzucht: ‚Seitdem ich die Beschreibungen auf den Verpackungen der Tiermedizin lesen kann, sind mir weniger Hühner eingegangen, und legen tun sie jetzt auch mehr!‘ Zuhause warten die jüngeren Geschwister auf sie. Seitdem die Eltern nicht mehr leben, hat die Vierzehnjährige keine Zeit mehr für den regulären Schulbesuch, denn sie muss die Kleinen jetzt versorgen.

Nacheinander berichten die Teilnehmerinnen von ihren Erfahrungen: ‚Jetzt, da ich selber lesen kann, schicke ich auch meine Kinder regelmäßig zur Schule, selbst wenn es auf dem Feld viel Arbeit gibt. Ich habe meinen Mann überredet, dass auch unsere Tochter gehen soll.‘ ... Auf dem Lehrplan der ugandischen Erwachsenenbildung stehen nicht nur Lesen, Schreiben und Rechnen. Das Programm ist praktisch und lebensnah, denn die Teilnehmer tragen zu der Entwicklung der Inhalte bei; deshalb der Name ‚Funktionales Alphabetisierungsprogramm für Erwachsene‘. Von ihrer Cousine im Nachbarort hatte Nandudu von diesem Unterricht gehört. Gemeinsam mit einigen Freundinnen hat sie den Gemeindevorsteher bekniet, auch eine solche Klasse im Ort einzurichten. Wenn einige interessiert sind und sich ein Lehrer findet, unterstützt der Distrikt die neue Gruppe mit Tafel, Kreide, Unterrichtsmaterial und einer Fortbildung für den Lehrer.

Nandudus Klasse trifft sich dreimal die Woche abends für zwei Stunden mit Said Masaba dort, wo tagsüber ihre Kinder die Schulbank drücken. Said ist Grundschullehrer. Die Erwachsenen unterrichtet er am Feierabend. ... Das Ministerium hat Lehrmaterial in 20 der 52 Sprachen Ugandas erstellt. Lesen und Schreiben wird geübt mit einfachen Texten, die die Lebensfragen Erwachsener in ihrem konkreten Umfeld thematisieren, wie beispielsweise zu Ernährung, Hygiene, HIV/Aids, Familienplanung, Gewalt gegen Frauen oder Landwirtschaftskunde. Rechnen wird gelernt anhand von Grundlagen der Wirtschaftskunde, nicht tiefgehend, aber gut genug, um damit einen kleinen Marktstand selbständig führen zu können und sich beim Verkauf des erzeugten Gemüses nicht betrügen zu lassen.

Auf diese Weise wird das Alphabetisierungsprogramm zu einem praktischen Instrument der Armutsbekämpfung. Es geht darum, für sich selbst ein Einkommen zu schaffen und das Leben eigenverantwortlich in die Hand zu nehmen . ...“

Heidrun Siebeneicker: Uganda – Alphabetisierungsmaßnahmen als erste Schritte zur Armutsbekämpfung. In: ded-Brief 40, 2003, H.3, S. 47f.

Die Grameen Bank – eine Bank für Arme

Ein weiteres Beispiel, wie auch mit geringen Mitteln Frauen eine bedarfsgerechte Förderung erfahren, ist die Grameen Bank. Sie wurde im Jahre 1976 von dem Wirtschaftsprofessor Muhammad Yunus in Bagladesch gegründet. Ihr Ziel ist es, Personen zu helfen, die wegen fehlender Kreditwürdigkeit von anderen Banken keine Darlehen erhalten, die aber den festen Willen haben, ihre ganze Arbeitskraft für den Aufbau einer eigenen Existenz einzusetzen. Aus der Idee wurde eine Erfolgsstory: Die von der Grameen Bank vergebenen Kleinkredite wurden produktiv eingesetzt (z.B. zum Kauf von Federvieh, zur Pacht eines Stück Landes, zum Kauf einer Nähmaschine) und haben zur Gründung einer Fülle von Kleinstunternehmen geführt. Knapp 95 Prozent der Grameen Bank-Mitglieder sind Frauen.

„Die Mitarbeiter der Grameen-Bank gingen zu den Armen in die Dörfer und boten ihnen kleine, also überschaubare, in wöchentlichen Raten binnen eines Jahres zurückzuzahlende Kredite an. Voraussetzung für die Kreditvergabe war, dass sie sich jeweils zu kleinen Gruppen zusammenschlossen und füreinander bürgten. Erst wenn die ersten zwei Gruppenmitglieder ihren persönlichen Kredit eine Weile regelmäßig zurückgezahlt hatten, erhielten die nächsten ihrerseits ein Darlehen, sodass eine pünktliche Rückzahlung in aller Interesse war. Der Erfolg der Grameen Bank spricht inzwischen Bände. Die Armen zahlen ihre Kredite mit Zins und Zinseszins zurück; die Rückzahlungsrate beträgt 99 Prozent ...“

http://www.club-of-budapest.com/cob_d/BesteProjekte/bp-d-grameen.htm

1 Erarbeiten Sie aus den Materialien die traditionelle Rollenverteilung in vielen Entwicklungsländern.

2 Erläutern Sie – vor dem Hintergrund Ihrer Antworten zu Aufgabe 1 – die Zielsetzung des Frauenförderungsprojektes in Uganda.

3 Beurteilen Sie die Wirkung dieses Projektes: Kann durch derartige Maßnahmen die Rolle der Frau in ländlichen Räumen der Dritten Welt nachhaltig verändert werden? Leistet das Projekt einen Beitrag zur Bekämpfung von Armut?

4 Ermitteln Sie im Rahmen einer Internet-Recherche weitere Informationen über Wirkungsweise und Ergebnisse der Grameen-Bank.

M1 *Zur Herstellung von Ziegelsteinen schleppt dieses Mädchen Lehm*

M2 *Kinderarbeiter demonstrieren für ihre Rechte in Cochabamba*

8.3 Kinder vor Ausbeutung schützen

Kinderarbeit ist nicht in jedem Falle und überall verwerflich. Eine wirtschaftliche Betätigung, die dem Alter und den Möglichkeiten der Kinder entspricht, kann – bezahlt oder unbezahlt – durchaus sinnvoll sein, wenn sie dazu beiträgt, Fähigkeiten zu vermitteln oder den persönlichen Reifeprozess zu fördern. In vielen Ländern gehört zum Beispiel die Mitarbeit von Kindern auf dem Hof der Eltern traditionell zur Erziehung. Und viele Entwicklungsexperten insbesondere in Lateinamerika setzen sich geradezu für das Recht der Kinder auf Arbeit ein, weil sie auf diese Weise im lokalen Rahmen als gleichberechtigt akzeptiert und so als selbstbewusste Mitglieder in die Gesellschaft integriert werden. Voraussetzung ist aber, dass dabei das Recht auf Bildung gewahrt bleibt, dass also die Arbeit nach dem Unterricht und nach Erledigung der Hausaufgaben verrichtet wird. Und alle sind sich darin einig, dass arbeitende Kinder nicht ausgebeutet werden dürfen.

Den Schutz der Kinder vor Ausbeutung hat die internationale Gemeinschaft in zwei Vertragswerken niedergelegt. Im Übereinkommen der Vereinten Nationen über die Rechte des Kindes heißt es:

↓ *„Die Vertragsstaaten erkennen das Recht des Kindes an, vor wirtschaftlicher Ausbeutung geschützt und nicht zu Arbeiten herangezogen zu werden, die Gefahren mit sich bringen, die Erziehung des Kindes behindern oder die Gesundheit des Kindes oder seine körperliche, geistige, seelische, sittliche oder soziale Entwicklung schädigen können."*

Kinderrechtskonvention 1989, Artikel 32

Die UN-Kinderrechtskonvention ist im Jahre 1999 von der „International Labour Organization" insofern konkretisiert worden, als in deren „Konvention 182" die Formen der Kinderausbeutung genauer definiert worden sind. Danach gilt als ausbeuterisch:
– Arbeit von Kindern unter 13 Jahren,
– Arbeit von Kindern zwischen zwölf und 14 Jahren, die länger als 14 Stunden in der Woche dauert,
– Arbeit von Kindern und Jugendlichen unter 18 Jahren, die gefährlich ist. Zum Beispiel: Arbeit unter Tage oder unter Wasser, in zu engen Räumen (Fässer, Abwasserkanäle), mit gefährlichen Maschinen oder Werkzeugen, Umgang mit schweren Lasten, Arbeit in ungesunder Umgebung und mit gefährlichen Substanzen,
– Arbeit unter schwierigen Bedingungen, zum Beispiel lange Arbeitszeiten, Nachtarbeit.

Ausdrücklich nennt die ILO-Konvention folgende Beispiele der schlimmsten Formen von Kinderausbeutung:
„a) alle Formen der Sklaverei oder sklavereiähnlicher Praktiken, wie den Kinderverkauf und den Kinderhandel, Schuldknechtschaft und Leibeigenschaft und Zwangsarbeit, einschließlich der Zwangsrekrutierung von Kindern in bewaffneten Konflikten,
b) die Heranziehung, die Vermittlung oder das Anbieten eines Kindes zur Prostitution, zur Herstellung von Pornografie oder zu pornografischen Darbietungen,
c) die Heranziehung, die Vermittlung oder das Anbieten eines Kindes zu unerlaubten Tätigkeiten, insbesondere zur Gewinnung von Drogen und zum Verkehr mit Drogen, wie sie in den einschlägigen internationalen Übereinkünften definiert sind,
d) Arbeit, die ihrer Natur nach oder aufgrund der Umstände, unter denen sie verrichtet wird, voraussichtlich für die Gesundheit, die Sicherheit oder die Sittlichkeit von Kindern schädlich ist."
ILO-Konvention 1999

„Jeder Mensch kann etwas gegen die Ausbeutung von Kindern tun. ‚terre des hommes' bittet Sie:
– Unterstützen Sie Kinderhilfsprojekte, denn vor Ort kann direkt geholfen werden – auch den Kindern, die nicht für den Export in die Industriestaaten arbeiten. Über 90 Prozent der Kinderarbeiter schuften für den heimischen Markt, viele im so genannten informellen Sektor.
– Schreiben Sie an Handelsunternehmen und fragen Sie, wie diese Firma zu Kinderarbeit steht: Das zeigt den Unternehmen, dass Sie als Verbraucher ein Interesse daran haben, dass Waren nicht nur gut und günstig sind, sondern auch unter Einhaltung der Menschenrechte hergestellt werden. ‚terre des hommes' fordert Unternehmen auf, Selbstverpflichtungen einzuführen, bei der Umsetzung auch mit unabhängigen Fachorganisationen zusammenzuarbeiten und Verantwortung für Kinderarbeiter zu übernehmen: Denn Kinder aus Fabriken zu entlassen ist eine Sache, ihnen eine bessere Alternative zu bieten, die andere. ...
– Kaufen Sie, wo möglich, Produkte mit einem seriösen Sozialsiegel. ‚terre des hommes' empfiehlt:

Rugmark ist ein Warenzeichen für Teppiche ohne illegale Kinderarbeit aus Indien, Nepal und Pakistan. Teppichhersteller verpflichten sich, keine Kinder unter 14 Jahren zu beschäftigen.

Das TransFair-Siegel kennzeichnet Kaffee, Tee, Kakao, Orangensaft, Honig und Süßigkeiten, die aus fairem Handel stammen. Die Bauern bekommen für ihre Ernte Preise, die über den Weltmarktpreisen liegen und garantiert werden.

Das Siegel für Blumen aus menschen- und umweltschonender Produktion steht für gerechte Arbeitsbedingungen. Wer das Blumensiegel führen will, muss Existenz sichernde Löhne, Gewerkschaftsfreiheit, das Verbot von Kinder- und Zwangsarbeit, Gesundheitsschutz und Arbeitssicherheit garantieren.

Ist das alles nicht nur ein Tropfen auf den heißen Stein? Sicher sind Projekte, Kampagnen, Sozialsiegel und Verhaltenskodices nicht der Schlüssel zur Gerechtigkeit für alle Menschen. Sie können aber sehr konkrete Verbesserungen in sehr kurzer Zeit bringen und modellhaft zeigen, dass eine gerechtere Wirtschaft möglich ist. ‚terre des hommes' konnte die Lebenssituation von tausenden Kinderarbeitern für Teppiche ohne illegale Kinderarbeit nachhaltig verbessern und gemeinsam mit Projektpartnern in vielen Ländern Aufmerksamkeit für das Thema Kinderarbeit schaffen. 800 000 Kleinbauern-Familien profitieren vom fairen Handel, 15 000 Arbeiterinnen auf Blumenfarmen bekommen jetzt bessere Löhne, Sozialleistungen und Mutterschutz und müssen nicht mehr im Nebel hochgiftiger Pestizide arbeiten. 2 000 Schuldknechte wurden durch Rugmark befreit, die Kinderarbeit in der Teppichproduktion in Indien und Nepal ist von etwa 200 000 Kindern auf 20 000 Kinder und damit um 90 Prozent zurückgegangen. In der Textilindustrie ist der massenhafte Einsatz von Kindern zumindest in Exportfabriken in Südasien und Südostasien beendet worden – dies bestätigen Wirtschaftsprüfer ebenso wie einheimische Initiativen und Gewerkschaften. Tausende Kinder gehen in Schulen, die gebaut und unterhalten wurden, weil der faire Handel angemessene Preise zahlt, weil Initiativen wie Rugmark existieren und weil Handelsunternehmen sich engagieren. Für jede Arbeiterin und jedes Kind hat sich damit das Leben zum Positiven verändert: Die Chance, für seine Arbeit einen Lohn zu bekommen, von dem die Familie leben kann. Die Chance, zu lernen und einen qualifizierten Beruf zu ergreifen. Die Chance, sich zusammenschließen zu können und der Macht der Arbeitgeber etwas entgegensetzen zu können. Das sind Voraussetzungen für ein Leben in Würde."

terre des hommes (Hrsg.): Kinderarbeit – kein Kinderspiel. Osnabrück 2003, S. 7

1 Vergleichen Sie die in M1 dargestellte Situation mit den Bestimmungen der „UN-Kinderrechtskonvention" und der „ILO-Konvention 182".
2 Entwerfen Sie ausgehend von M2 ein Plakat mit konkreten Forderungen von Kinderarbeitern.
3 Seit den 1970er-Jahren sind in vielen Städten Deutschlands „Dritte Welt-Läden" (heute: „Weltläden") entstanden, die „fair trade"-Produkte verkaufen. Informieren Sie sich in einem solchen Geschäft über Einzelheiten dieser Aktion.
4 Projekte, Kampagnen, Sozialsiegel, Verhaltenskodices – nur jeweils ein Tropfen auf den heißen Stein? Vergleichen Sie zur Beantwortung dieser Frage die von terre des hommes vorgelegte Bilanz (Quellentext oben) mit den Informationen in Kapitel 7.1.

POEMA bedeutet in der Landessprache auch „Gedicht".
Und ein solches soll das Projekt werden – für Mensch und Natur in Amazonien

*M1 **Herstellung von Kokosfasermatten***

8.4 POEMA: Hilfe zur Selbsthilfe

Seit etwa vier Jahrzehnten versucht der brasilianische Staat mithilfe von gigantischen Projekten sowohl im Bergbau wie auch in der Holz- und Agrarwirtschaft die enormen Reichtümer Amazoniens zu erschließen. Durch die forcierte Besiedlung dieses weltweit größten zusammenhängenden Waldgebietes hat inzwischen eine massive Umwandlung von tropischem Regenwald in Weideflächen stattgefunden. Aber anstatt die Lebensqualität der Bevölkerung in dieser Region zu verbessern, hat diese Art von Entwicklungspolitik zur weiteren Konzentration von Großgrundbesitz in den Händen von wenigen Familien, zu einer zunehmenden Umweltzerstörung und zur wachsenden Verarmung großer Bevölkerungsteile geführt.

„Armut und Umwelt in Amazonien" („**Po**breza e **M**eio ambiente na **A**mazônia" = POEMA) – so heißt denn auch folgerichtig ein 1991 von der brasilianischen Bundesuniversität UFPA in Belém gegründetes Forschungs- und Entwicklungsprogramm. Es erarbeitet Konzepte zum Schutz des tropischen Regenwaldes und zur Bekämpfung der Armut in diesem Raum. POEMA fördert insbesondere die genossenschaftliche Organisation der Kleinbauern und deren Abkehr vom Brandrodungsfeldbau. Stattdessen soll die Vielfalt der tropischen Pflanzen genutzt werden durch einen Stockwerkanbau, der die komplexe Struktur des tropischen Regenwaldes nachahmt und der auf traditionelle Anbaumethoden der Kay-apó-Indianer zurückgeht. Die Grundbedürfnisse der armen ländlichen Bevölkerungsschichten sollen außerdem durch die Schaffung von Arbeits- und Verdienstmöglichkeiten im gewerblichen Bereich befriedigt werden. Die Erfahrungen aus diesem Programm sollen genutzt werden, um auch in anderen ländlichen Regionen strukturelle Defizite abzubauen.

Das Programm wird seit 1992 unterstützt durch den DaimlerChrysler-Konzern und dessen Tochterfirma Mercedes. Darüber hinaus wurde 1994 „POEMA e.V. Stuttgart" gegründet. Dieser deutsche Partner informiert die Öffentlichkeit über die Probleme in Amazonien, vermittelt Partnerschaften zwischen Schulen, Lokale-Agenda-21-Büros bzw. Vereinen und Gemeinden in Amazonien, sammelt Spenden zur Unterstützung von Kleinprojekten.

POEMA-tec: Vom Modellprojekt zur Erfolgsstory
↓ *„In Praia Grande (einer kleinen Gemeinde auf der Insel Marajó im Mündungsdelta des Amazonas) war immer nur die in der Kokosschale befindliche Nuss von Interesse. Der Rest war Abfall. Das wurde anders mit der Kooperation zwischen der Daimler Benz AG und POEMA. Gemeinsam wollten die Partner die Forschung bezüglich nachwachsender Rohstoffe und deren Verwendung in der Industrie vorantreiben. ... Aus dem Abfall in Praia Grande wurde rasch ein wertvoller Rohstoff, der in der kleinen Manufaktur zu Kopfstützen für die LKW-Produktion ... weiter verarbeitet werden konnte. Seit Juni 1993 werden im Rahmen dieses Pilotprojektes Kopfstützen gefertigt, heutzutage etwa 8000 monatlich. 20 Familien sind in diese Produktion eingebunden. Die Kokosnüsse liefern neben Praia Grande auch schon einige der Nachbargemeinden, die sich auf diese Weise ebenfalls eine spürbare Einkommensquelle sichern konnten.*

Der Konzern, der seit dem Jahr 1998 DaimlerChrysler AG heißt, steuert nicht nur Geld zu diesem Projekt bei, sondern beordert auch Forscher und Techniker aus Stuttgart oder dem Werk in São Paulo nach Amazonien. Was 1993 mit der Eröffnung der kleinen Manufaktur in Praia Grande begann, fand 2001 seinen vorläufigen Höhepunkt mit der Eröffnung einer großen Fabrik in Ananindeua vor den Toren der Metropole Belém. Eine deutsche Anlagenbaufirma lieferte spezielle Maschinen zur optimalen Verarbeitung der Kokosfasern, das von POEMA gegründete Unternehmen POEMAtec organisierte die Infrastruktur.
Im Frühjahr 2002 hat die Fabrik in Ananindeua ihren Rhythmus gefunden. Etwa 50 Mitarbeiter sind dort inzwischen beschäftigt, die Einstellung weiterer ist in Planung. Eine zentrale Maschine ‚frisst' die großen Kokoshaufen und spuckt sie in Form flacher Kokosmatten wieder aus. Daraus entstehen in weiteren Produktionsschritten derzeit über 40000 Sitzpolster und Sonnenblenden, die in São Paulo in der Fahrzeugproduktion eingebaut werden."

Manfred Linke und Rainer Osnowski: POEMA. Die leise Rückkehr des Regenwaldes. Köln: LKO Verlagsgesellschaft 2002, S. 77

M2 *Wasseraufbereitungsanlage*

Kampf gegen Wasserarmut am Amazonas

↓ *„Obwohl sie in einer der wasserreichsten Regionen der Erde leben, ist für die Menschen in Amazonien Trinkwasser das größte Problem. Es kommt aus dem Fluss oder dem Brunnen, bleibt unbehandelt und ist Auslöser für viele Krankheiten, vor allem bei Kindern. Die Statistiken der staatlichen Gesundheitsdienste sind deutlich: Über 60 % der in Krankenhäusern des Bundesstaates Pará behandelten Erkrankungen gehen auf verunreinigtes Wasser zurück.*

Die POEMA-Wassertechniker hatten dafür eine Lösung zur Hand – die Nutzung der anodischen Oxidation zur Herstellung von keimfreiem Trinkwasser. Das Rezept: Man nehme einen Wassertank, stelle diesen auf ein Holzgerüst, installiere eine Pumpe, verbinde diverse Rohre miteinander. Dann bedarf es für das Wasser im Tank noch einer Prise Kochsalz und Strom – gewonnen aus Batterie, Dieselmotor, Windrad oder Solarzelle – und schon wird ein elektrochemischer Prozess in Gang gebracht, der die Salzbestandteile im Wasser in das keimtötende Hypochlorit wandelt. Damit erhalten die oft abseits einer regulären Stromversorgung oder eines Trinkwassersystems liegenden Dörfer eine einfache und effiziente Lösung ihres Trinkwasserproblems. ...

Braun – der nahe Fluss der Amazonasgemeinde Praia Grande ist nach der Regenzeit besonders stark mit abgeschwemmtem Erdreich verschmutzt. Doch die Bewohner blicken voller Zuversicht auf ihre Wasseranlage. ... Ihr Modell macht Schule: Was mit einigen wenigen Gemeinden in der Region im Jahre 1992 begann, breitete sich schon bald im gesamten Bundesstaat rasant aus. Zahlreiche Kommunen wandten sich mit der Bitte um Unterstützung beim Aufbau eines Wassersystems an POEMA. Über internationale Patenschaften und Spendengelder konnten mit den Jahren in viele hundert Amazonas-Gemeinden sauberes Trinkwasser gebracht werden. Betrachtet man die Kosten für ein solches System, erklärt sich die rasche Verbreitung: Schon ab 10 000 Euro und einer gehörigen Portion Eigeninitiative kann eine kleine Gemeinde von den Vorteilen der keimtötenden Anlage profitieren. ...“

Manfred Linke und Rainer Osnowski: POEMA. a.a.O., S. 41

Was Schulen, Lokale Agenda 21-Initiativen, Vereine tun (können):

↓ *„Schüler, Lehrer und Eltern der Jörg-Rathgeb-Schule in Stuttgart-Neugereut haben eine Trinkwasseraufbereitungsanlage im Wert von ca. 15 000 € durch Spenden finanziert. ...“*

„Siebtklässler des Langenauer Robert-Bosch-Gymnasiums wollten das Thema ‚Tropischer Regenwald‘ nicht einfach im Unterricht abhaken. Sie nutzten ihre Projekttage, um ... Spenden für den Verein ‚POEMA‘ zu sammeln. Der Erlös soll helfen, ein Dorf in Amazonien mit sauberem Trinkwasser zu versorgen. ...

Pleidelsheim: Bürgermeister Ralf Trettner überreichte ... dem Umweltbotschafter Willi Hoss einen Scheck über rund 16 000 Euro. Das Geld ist für den Bau einer Trinkwasseranlage im brasilianischen Jauarituba (einer kleinen Gemeinde am Rio Tapajos, einem großen Seitenfluss des Amazonas) bestimmt. Vor genau einem Jahr wurde ... das Projekt ... im Rahmen der Lokalen Agenda 21 ins Leben gerufen. Unter dem Motto ‚Global denken – lokal handeln‘ sammelten die Pleidelsheimer ... Geld für den Bau einer Trinkwasseranlage. ...

Mit einem Erlös (aus dem Verkauf ofenfrischer Brötchen und Brezeln) von über 210 Euro steuerte die Klasse 8a einen weiteren Baustein zur Amazonas-Aktion des Gymnasiums Unterrieden bei. Damit ist das Ziel von 4 800 Euro fast erreicht. So viel kostet das von der Schule und dem Landkreis Böblingen geförderte solarbetriebene Trinkwassersystem ... in der Indianergemeinde ‚Itadokiri‘ im Indianerreservat Alto Guama im tropischen Regenwald Brasiliens. ...

Mithilfe von Einzelspenden, einem Anteil der Landesregierung und Zuschüssen baden-württembergischer Energieversorger wurde in einem Pilotprojekt die Gemeinde Muratuba mit Solarlampen versorgt und in Belém ein Beratungszentrum für regenerative Energien (Sonne, Wind, Wasser und Biomasse) eingerichtet. ...

Bei allen Projekten spielt der Gedanke der ‚Hilfe zur Selbsthilfe‘ eine zentrale Rolle. So wird zum Beispiel bei den Trinkwasserprojekten und Solaranlagen nur das Material finanziert, während für alle handwerklichen Tätigkeiten die Gemeinde unentgeltlich zuständig ist. Für die Instandhaltungsarbeiten werden einige Dorfbewohner ausgebildet.“

www.poema-deutschland.de

1 Erläutern Sie den Ansatz des POEMA-Projektes als „Hilfe zur Selbsthilfe“.

2 Informieren Sie sich in Zusammenarbeit mit den Fächern Chemie/Physik über Trinkwasseraufbereitung durch anodische Oxidation.

3 Sammeln Sie im Rahmen Ihres Klassenverbandes oder eines Projekttages Vorschläge: Was können wir, was kann jeder Einzelne zum Kampf gegen die Armut beitragen?

9 Literatur- und Internethinweise

Arbeitskreis Armutsbekämpfung durch Hilfe zur Selbsthilfe (Hrsg.): Die Kluft überwinden – Wege aus der Armut. Bonn 2003

Brot für die Welt (Hrsg.): HungerReport 2002/2003. Armut und Hunger in den USA. Brandes & Apsel Verlag, Frankfurt/M. 2002

Bundesministerium für wirtschaftliche Zusammenarbeit und Entwicklung (Hrsg.): Aktionsprogramm 2015. Armut bekämpfen. Gemeinsam handeln. Bonn 2003

Deutsche Gesellschaft für Technische Zusammenarbeit (Hrsg.): Magazin 2015. Ausgabe 1. Oktober 2003

Deutsche Stiftung Weltbevölkerung: Weltbevölkerungsbericht 2003. Junge Menschen – Schlüssel zur Entwicklung. Hannover 2004

Deutsche Stiftung Weltbevölkerung: DSW-Datenreport 2003. Soziale und demografische Daten zur Weltbevölkerung. Hannover 2003

Engelhard, Karl: Welt im Wandel. Die gemeinsame Verantwortung von Industrie- und Entwicklungsländern. Omnia Verlag, Köln 2000

Europäische Kommission: inforegio panorama. H. 10, Juni 2003: Auf dem Weg zur Erweiterung

Europäische Kommission: Dritter Bericht über den wirtschaftlichen und sozialen Zusammenhalt. Eine neue Partnerschaft für die Kohäsion. Luxemburg 2004

Europäische Kommission: Strukturpolitik und der europäische Raum. Wettbewerbsfähigkeit, nachhaltige Entwicklung und Zusammenhalt in Europa. Luxemburg 2003

Hauchler, Ingomar u. a. (Hrsg): Globale Trends 2004/05. Fakten – Analysen – Prognosen. Fischer Taschenbuch Verlag, Frankfurt/Main 2003

Hauchler, Ingomar u. a. (Hrsg): Globale Trends 2002. Fakten – Analysen – Prognosen. Fischer Taschenbuch Verlag, Frankfurt/Main 2001

Heidelberger Institut für Internationale Konfliktforschung: Konfliktbarometer 2003. 12. Jährliche Konfliktanalyse

Hunfeld, Frauke: Und plötzlich bist Du arm. Rowohlt-Verlag, Reinbek 1998

Le Monde diplomatique (Hrsg.): Atlas der Globalisierung. taz Verlags- und Vertriebs GmbH, Berlin 2003

terre des hommes (Hrsg.): Kinderarbeit – kein Kinderspiel. Osnabrück 2003

Weltbank (Hrsg.): Weltentwicklungsbericht 2004. UNO-Verlag, Bonn 2004

Worldwatch Institute Report: Zur Lage der Welt 2002. Fischer Taschenbuch Verlag, Frankfurt/M. 2002

Themenhefte verschiedener Fachzeitschriften
Das Parlament: „Krisenkontinent Afrika". Nr. 10, 01.03.2004

ded-Brief: 40, 2003, H. 3: Armutsminderung

Geographie heute: 23, 2002, H. 204: Mittelasien

Geographische Rundschau: 52, 2000, H. 11: Westafrika und Sahel

Geographische Rundschau: 53, 2001, H. 2: Weltbevölkerung und Migration

Geographische Rundschau: 54, 2002, H. 11: Nordosten Südamerikas

Geographische Rundschau: 55, 2003, H. 10: Globalisierung und neue Armut

Geographische Rundschau: 56, 2004, H. 5: Regionen der EU

Praxis Geographie: 29, 1999, H. 12: Welternährung

Praxis Geographie: 31, 2001, H. 12: Armut

Praxis Geographie: 32, 2002, H. 2: Migration

Praxis Geographie: 34, 2004, H. 5: EU-Erweiterung

Welternährung: Zeitung der Deutschen Welthungerhilfe – verschiedene Ausgaben

Ergiebige Internetzugänge
www.hiik.de (Heidelberger Institut für Internationale Konfliktforschung)

www.geoscience-online.de (Das Magazin für Geo- und Naturwissenschaften)

www.aktionsprogramm2015.de
(Das Magazin zum Aktionsprogramm 2015 der Bundesregierung)

www.akuf.de (Arbeitsgemeinschaft Kriegsursachenforschung an der Universität Hamburg)